時尚品牌之王

服裝設計大師皮爾卡登

Pierre Cardin

趙一帆 著

藝術沒有國界，服裝也應該沒有國界。
因此他奔走於世界各地，和各個不同文化、不同族群的人們交流藝術、分享對美的追求。

品牌是做出來的，而不是吹出來的。
因此他奉獻一生的時間，打造出舉世驚豔的專屬品牌。

要想領先於別人就得不斷創新。
因此他無懼艱險，勇敢突破自我，寫下一頁頁世界服裝史的新篇章。

崧燁文化

目錄

打造卡登王國

卡登品牌之道

附錄

前言

那是西元一八〇〇年，愛爾蘭裔法國著名經濟學家理查・坎蒂隆著作了《商業性質概論》一書，他在該書中首次對「企業家」進行了定義，闡釋企業家是專門承擔風險的人。

後來，奧地利著名政治經濟學家約瑟夫・熊彼得在所著《資本主義、社會主義與民主》中指出，企業家就是創新者，就是不斷探索新的可能方案，不斷尋找新的意義所在，不斷發現新的實現自我的途徑。按照他的定義，企業家的內涵和外延要廣泛得多，不僅包括在交換經濟中通常所稱的生意人，也包括公司僱傭人員，例如經理、董事會成員等。

美國著名企業家克雷格・霍爾在所著《負責任的企業家》中指出，企業家是做實事的人，是冒險家，是風險承擔者，他們對朋友、商界夥伴和社會是負責任的。也就是說，企業家不僅是社會革新者，更是社會責任與信用關係的維護者，並且致力於改進社會。

總之，「企業家是不斷在經濟結構內部進行『革命突變』，對舊的生產方式進行『創造性破壞』，實現經濟要素創新組合的人。」他們創造物質財富，推動社會不斷進步，使得人們更加幸福。財富雖然只是一個象徵，但它與人們的生活、國家的發展、民族的強盛等息息相關。

企業家也創造巨大的精神財富，他們在追求財富過程中所表現出來的創新、冒險、合作、敬業、學習、執著、誠信和服務等精神，值得我們每一個人學習。這種企業家精神是這個特殊群體的共同特徵，也是他們獨特的個人素質、價值取向以及思維模式，是他們行動的理性超越和精神昇華。

當然，企業家是在創造財富的實際行動中，在點點滴滴的事例中體現出偉大精神的。我們在追尋他們成長發展的歷程時就會發現，雖然他們成長發展的背景各不相同，但他們在一生中所表現出的辛勤奮鬥和頑強拚搏的精神，則是殊途同歸的。

這正如美國著名思想家和文學家愛默生所說：「偉大人物最明顯的標誌，就是他們擁有堅強的意志，不管環境怎樣變化，他們的初衷與希望永遠不會有絲毫的改變，他們永遠會克服一切障礙，達到他們期望的目的。」同時，愛默生認為：「所有偉大人物都是從艱苦中脫穎而出的。」

為此，我們特別推出了《中外企業家》叢書，精選薈萃了現當代中外在鋼鐵、石油、汽車、船運、時裝、娛樂、傳媒、電腦、訊息、商業、金融、投資等方面最具有代表性的企業家，主要以他們的成長歷程和人生發展為線索，盡量避免冗長的說教性敘述，採用日常生活中富於啟發的小故事來傳達他們的精神。尤其著重表現他們所處時代的生活特徵和他們建功立業的艱難過程。本套作品充滿了精神的力量、創業的經驗、經營的學問、管理的智慧以及財富的觀念，相信我們廣大讀者一定會產生強烈的共鳴和巨大的啟發。

為了讓廣大讀者更方便地了解和學習這些企業家，我們還增設了人物簡介、經典故事、人物年譜和名人名言等相關內容，使本套作品更具可讀性、指向性和知識性。

為了更加形象地表現企業家的發展歷程，我們還根據他們的成長線索，適當配圖，使之圖文並茂，形式新穎，以便更加適合讀者閱讀和收藏。

我們在編撰本套作品時，為了體現內容的系統性和資料的詳實性，參考和借鑑了大量資料和許多版本，在此向所有辛勤付出的人們表示衷心謝意。但仍難免出現掛一漏萬或錯誤疏忽，懇請讀者批評指正，以利於我們修正。我們相信廣大讀者透過閱讀這些著名企業家的人生成長與成功故事，會更好地把握自我成長中的目標和關鍵點，直至開創自我的幸福人生！

人物簡介

名人簡介

皮爾・卡登（Pierre Cardin）一九二二年七月二日出生在義大利著名水城威尼斯近郊一戶貧苦的農民家裡，他十四歲輟學，在法國格勒諾勃的一家小裁縫店裡當起了學徒。十七歲那年，為了實現做一名服裝設計師的夢想，他騎著一輛破腳踏車前往巴黎，幾經周折，終於在時裝之都站穩了腳跟。

一九四七年，皮爾・卡登在他的領路人迪奧開辦的公司裡擔任大衣和西服部的負責人。一九五〇年，皮爾・卡登用全部的積蓄買下了一間縫紉工廠，並獨立開辦了自己的時裝公司，經過幾十年的打拚後，他成長為舉世聞名的世界頂級服裝設計大師和成功的商人。

第二次世界大戰以後，皮爾・卡登毅然提出了「成衣大眾化」的口號，他讓高檔時裝走下高貴的伸展台，直接服務於老百姓，為時裝業的健康發展作出了重大的貢獻。

皮爾・卡登除了設計時裝，他還設計家具、燈具、裝飾品，甚至他還為電腦、通訊電子、汽車等產品進行過設計。

成就與貢獻

在法蘭西文明中，艾菲爾鐵塔、戴高樂總統、卡登服裝和馬克西姆餐廳等四個名稱的知名度最高、地位最突出。這其中，皮爾・卡登一人就占了服裝和餐廳兩項。

皮爾・卡登所從事的社會活動，為世界各國人民之間的相互了解作出了巨大的貢獻，他以他獨特的熱情和充沛的精力在歐亞大陸之間架起了友誼的橋梁。

鑒於皮爾・卡登為各國間友好往來所作出的貢獻，不僅聯合國教科文組織在一九九一年二月聘任皮爾・卡登為名譽大使，法國總統、義大利總統和日本天皇還分別向他頒發了勛章。

皮爾・卡登還兼任了環地中海國家理事會祕書長的職務，他發起的拯救威尼斯和重修埃及亞歷山大燈塔等活動，都受到廣泛關注和好評。

地位與影響

一九九二年，皮爾・卡登作為唯一的服裝設計師當選精英薈萃的法蘭西學院院士，從而奠定了他世界頂級服裝設計大師的地位，並成為法蘭西文化的突出象徵。

金頂針獎是法國服裝界最高榮譽大獎，對一個時裝設計師來說，就如同電影的奧斯卡金獎一樣，而皮爾・卡登先後三次獲得了此項大獎，至今無人能夠超越。

皮爾・卡登在國際社會享有盛譽，他從一九五七年開始，就連續造訪剛剛走出戰爭陰影的日本，至今他已訪問過日本三十多次，深深受到日本人民的愛戴。

蘇聯、越南、古巴、利比亞等國家尚未完全對外開放時，皮爾．卡登就到訪過這些國家，他和以上許多國家的政府要人、政界名流、實業界大亨和藝術泰斗之間有著直接聯繫，而這些對外聯繫並未借法國政府之手，都是以他個人身分開展的。皮爾．卡登作為民間外交家開展的這些活動，使他發揮了職業外交家都無法造成的作用。

服裝界的奇才

我能畫圖、剪裁、縫合、試樣，直至銷售，這完全是我勤奮好學的結果。

——皮爾・卡登

出生在貧困家庭

一九二二年七月二日，義大利著名的水城威尼斯近郊，從一戶貧困的農民家裡，傳出嬰兒的啼哭聲。這是老卡登家出生的第七個孩子，是個男孩兒，老卡登給他起了個「皮爾・卡登」的名字。

老卡登望著這個瘦小孱弱的孩子，毫無喜悅之情，他擔憂著如何才能將他養育成人，在這個風雨飄搖的環境中爭得一點兒生存的空間；如何才能使他擺脫貧窮和飢餓，在競爭激烈的環境中學得一技之長。老卡登做夢也不會想到，這個「嗷嗷」待哺的孩子日後會成為一個與法國著名的艾菲爾鐵塔和民族英雄戴高樂齊名的時裝巨子。

老卡登一家人靠幫人種植葡萄為生。每逢年景不好時，老卡登還得冒著危險和寒冷到山裡為人開冰，一家人就這樣過著艱難的生活。

小卡登的童年時期，義大利還沒有走出第一次世界大戰的陰影。風光旖旎的威尼斯上空充滿戰爭的硝煙，整片整片的葡萄園被戰火燒毀。

這場無情的戰爭不僅吞噬掉許多無辜的生命，連綿的戰火也使土地荒蕪，讓農民們失去了最低的生活保障。為了逃避戰亂和謀求生計，老卡登依依不捨地離開了世代賴以生存的葡萄園，拖家帶口踏上了背井離鄉的漫漫旅途。

在威尼斯河畔，老卡登用一塊破布浸濕了河水，仔細地給身上裹著破舊藍被單的小卡登擦洗著稚嫩的臉和小手。滿懷傷感的老卡登心裡清楚，這可能是最後一次用家鄉的水為小兒子擦洗了。

愛笑愛鬧的小卡登被始終沒有笑容的爸爸嚇住了，此時安靜地坐在那裡，小卡登只知道總是吃不飽，卻不明白為什麼路上遇到的所有人都像爸爸那樣的不高興。

經歷了路途上的無數艱辛，在法國東南部的格勒諾勃，卡登全家人勉強定居下來。

一家人本來就十分艱難的日子，又歷盡搬遷之苦，真正到了家貧如洗的地步。在這種情況下，老卡登無奈，為了一家人的生活，他每天騎馬冒險登上高高的雪山採下大塊的凍冰，再運到城裡賣給有錢人家，掙幾個小錢，維持著一家人的生計。

皮爾・卡登在格勒諾勃度過了他的童年。

童年生活雖沒有給小卡登帶來太多的歡笑，但家庭的溫暖和生活的樂趣卻使他快樂地成長。

他不能忘記曾和小夥伴們一起，在寬廣的草地上嬉笑打鬧，忘不了因不小心打碎了花瓶而受到母親的責備，更忘不了父親進家門時疲憊的面容。

父親又為生存奔波了一天。每當夜晚來臨，老卡登在一旁默默沉思時，小卡登總是依偎在母親的懷裡，望著窗外繁星閃爍的天空，聽著母親輕柔的歌謠，幸福地睡去。

就在這裡，小卡登做出了一件特別的事情。這件事情讓皮爾・卡登走上了一個新的人生歷程，就像牛頓觀看蘋果落地一樣，純屬偶然，但是這種偶然改變了他一生的命運，使他這個名不見經傳的窮小子，逐漸變成了全球家喻戶曉的時代巨子。

一個陽光燦爛的夏日，七歲的小卡登趴在綠茵如毯的草坪上，雙手托著他那個充滿了奇思異想的小腦袋，一對明亮的眼睛時而望著遠方的地平線，時而又漫無目的地環顧四周的房子和不遠處的小路。

驀地，他的眼睛盯住一處不動了，一個衣著華美的小女孩走進了他的眼簾，小女孩懷裡抱著一個十分漂亮的布娃娃。

那個布娃娃吸引了小卡登的注意力，他不由自主地爬起來，來到那個小女孩身邊，從他那雙小眼睛裡射出的目光在那個布娃娃身上不停地轉動。

正當他看得入神時，那個小女孩非常生氣地將布娃娃扔到草地上，噘著小嘴自言自語：「你的裙子這麼難看，真讓人討厭。」說完，她一轉身走了。

小女孩的舉動讓小卡登吃驚，他小心地把布娃娃撿了起來，仔細地端詳著，的確，那裙子的顏色太單調了，要是能給它換上一條鮮豔的裙子一定會變得很美。

小卡登非常珍惜地將布娃娃抱在自己的懷裡，希望它的小主人會回心轉意把它帶回去。他一邊耐心地等待，一面幻想著布娃娃的裙子像鮮花一樣不停地變換色彩。

小卡登抱著布娃娃回到了自己那貧窮但充滿溫馨的家裡。

「卡登，你怎麼把人家的東西拿回來了？」母親氣憤地問道。

小卡登連忙將經過向媽媽講述一遍，並且，還一再表示，一定要給布娃娃換上一條漂亮的裙子，再將它物歸原主。

晚飯後，小卡登從母親的針線籃子裡找來了碎布和針線，在昏暗的油燈旁，精心為布娃娃縫製小裙子。他的小手好幾次被針扎出了血，他竟毫不在意。

他縫縫拆拆，拆拆縫縫，直至滿意方才罷休。布娃娃穿上了一條漂亮的小裙子。

第二天早上，小卡登抱著重新裝扮好的布娃娃來到那片草地上，期待著它的小主人出現。

等啊等啊，始終不見那女孩出現，小卡登想，她是否喜歡我的這個布娃娃？她還會像先前那麼生氣嗎？

等啊等啊，終於，那位小女孩出現了，但手裡卻抱著一個新買的布娃娃。當她看見卡登時，不禁驚訝地叫道：「啊，你的布娃娃是從什麼地方買的？」

「不是買的，這還是你扔掉的那個。」小卡登答道。

「不信，我的那個醜陋不堪，非常難看，哪有你的那麼漂亮。」小女孩說道。

「我只不過給布娃娃縫了一條新的裙子。」

「真的？」小女孩驚訝地問道。

「我怎麼會騙你呢？」小卡登說道。

「啊，這麼漂亮的裙子啊！」

聽到小女孩的讚嘆聲，小卡登非常高興。小女孩看到小卡登的布娃娃戀戀不捨。她忍不住要求將自己的新布娃娃與小卡登那個漂亮的布娃娃相交換，小卡登看著自己的布娃娃，他極不情願地將手中的布娃娃還給了小女孩。

沒想到，這條小花裙竟決定了他以後的人生道路。因此，這條小花裙也成了皮爾・卡登一生中設計的第一件裙子。

中途輟學的少年

小卡登在八歲那年，舉家遷往聖萊第昂。

父親把他送進當地的一所小學讀書。然而，小卡登對讀書非常不感興趣，那條裙子在他的心靈裡打下了深深的烙印，永遠也抹不掉了。

在他上小學時，甚至在中學裡，法國同學經常惡意譏諷他為「通心粉、窩囊廢」，這些歧視性的話，嚴重地傷害了一顆少年的心。

他在放學後經常溜到商店的櫥窗前，站在那裡痴迷地觀看裡面各式各樣的服裝，他覺得只有在那時才感到平靜和心情愉快，做服裝設計師的想法開始在他的心中萌芽。

從那以後，皮爾．卡登經常留意周圍人的服裝樣式，一有時間就到服裝店去觀看那些不同款式的服裝。與所有逛商店的人不同，他只是去看服裝，從不買服裝，他由於經常光顧，跟服裝店的許多服務員都非常熟悉。

皮爾．卡登在中學後期，曾參加過校內戲劇演出，從那時起，他對舞台產生了濃厚的興趣。他非常樂意幫助那些管服裝的人整理服裝，看著那一件件色彩各異的衣服，他總是把那些他不滿意的款式在想像中修改一遍。

父親以賣冰塊為生，加上孩子多，家裡一貧如洗，卡登十多歲便外出打小工，靠幹零活來掙點小錢貼補家用，因此影響了卡登的學業，他的學習成績非常不好。為此，卡登的雙親為兒子的前途憂心忡忡，對兒子今後謀生的問題很著急。

然而，從苦難中磨煉出來的皮爾・卡登，早就樹立了自己的理想，想成為一名服裝設計師的志向已經在這個少年的心裡扎下了根，並且沒有動搖過。

厄運接踵而來，皮爾・卡登的父親生意日趨慘淡，母親臥病在床，家境更加艱難。十四歲的皮爾・卡登只好中途輟學，在一家小裁縫店裡當上了學徒。

在小裁縫店，皮爾・卡登真正地開始嘗試服裝的設計。雖說辛苦的工作使他時常疲憊不堪，但對服裝的濃厚興趣使他忘記了生活的煩惱，他積極地投入到服裝製作的工作中去，一點一滴、如飢似渴地學習著剪裁技能。

皮爾・卡登似乎天生就具備做服裝的才能。不到兩年時間，他的手藝就已經超過了他的師傅，並在當地有了些小名氣。他常常設計出一些款式新穎的服飾，很受當地一些富家小姐們的青睞，不時有人上門請他專門設計女裝。

有一次，一位有錢人家的小姐非常喜歡皮爾・卡登設計的款式，她決定將皮爾・

卡登請到家中專門為她設計服裝。但是那時的皮爾・卡登還離不開他的師傅，師傅也離不開他的幫助。所以，他回絕了那位小姐的請求。

在眾多種類的服裝中，皮爾・卡登非常喜歡新奇高雅、款式多樣的舞台服裝。為了開闊自己的視野，他開始研究各種舞台服裝的樣式。他白天在裁縫店工作，晚上到當地一個業餘劇團當演員親身體驗。

舞台服裝的新奇豔麗給皮爾・卡登留下了很深的印象，對他的未來設計風格產生了重大的影響。

不久，羽翼漸豐的皮爾・卡登有些不安分了，覺得聖萊第昂的天地對他有些小了，在這裡自己根本不可能實現他的遠大志向。他下定決心，到世界服裝的中心和藝術家燦若群星的巴黎去闖蕩，在那裡尋找屬於自己的天地。

秋季的一天，在瀟瀟細雨中，一個瘦小的青年騎著一輛破舊腳踏車，在通往巴黎泥濘的道路上艱難地行進著。這個青年就是十七歲的皮爾．卡登。

然而，皮爾．卡登還不知道生在一個紛亂的時代和一個多災多難的國家，對於實現一個人的理想有多麼難。由於對當時戰爭形勢的不了解，他選錯了來巴黎的時機。

當時，第二次世界大戰已經拉開了帷幕。巴黎戰雲密布，到處是逃難的人群，大街小巷站滿荷槍實彈的德國士兵。巴黎很難進去，即便進去了也沒有多大意義，因為城裡所有的時裝商店為了逃避戰爭全都停業了。

在戰爭歲月裡，時裝對人們來說已不重要了。由於他違反了宵禁令，被德國占領軍關進了監牢，幸虧他不是猶太人，經過重重審查，才被釋放出來。

皮爾．卡登的理想一夜之間化成了泡影。他悵然而無目的地走在巴黎的街道上，那滿目的斷垣殘瓦，令他雄心勃勃的內心黯然失色，他的服裝設計師的夢想破滅了。他恨這場戰爭，恨這個世界，同時也為自己不幸的命運深感悲傷。

皮爾・卡登非常失望，但又不願重返聖萊第昂，於是他決定到維希碰碰運氣。

當來到維希時，皮爾・卡登已是筋疲力盡、飢腸轆轆了。在維希這個地方，他沒有親友，身上沒有一文錢，他只能像流浪漢一樣，在街頭巷尾徘徊。

然而，天無絕人之路，機會往往就隱藏在危難之中。維希雖然也深受戰爭的創傷，但沒有巴黎那麼嚴重。

一天，皮爾・卡登來到市中心的一家時裝店，被櫥窗裡擺著的一排排時髦的時裝樣品所吸引，他忘記了疲勞和飢餓，冒冒失失地闖進店裡，找到了老闆，要求在店裡當一名學徒。

店老闆看著這個像個乞丐似的年輕人，雖然有些懷疑，但還是決定讓他試一試。經過一番考試，老闆對他很滿意。

從此，皮爾・卡登在這裡勤學苦練，很快就掌握了服裝設計、裁剪技術，三年之後他便成了該店最好的裁縫。

當時，巴黎是歐洲的時裝中心，到維希後，皮爾・卡登還是日夜思念著巴黎。他認為只有巴黎，才能讓他成為真正的服裝設計師。然而，戰火四起，災難頻發，皮爾・卡登到巴黎的願望很難實現，他只能在焦慮之中期待著、期待著。

他深知在這個戰火連天的動亂年代中，要想馬上踏進巴黎是不可能的。他決定暫時在維希落腳，再進一步提高自己的技藝，待戰爭平息後再去巴黎實現夢想。

時間飛逝，五年過去了。皮爾・卡登的服裝設計水準和製作技術又有了很大的進步，他在當地非常受歡迎，找他做衣服的人絡繹不絕。但是，皮爾・卡登並沒有被眼前的這點兒成就沖昏頭。他的心並不因此而滿足，他一心想著的是去巴黎，在那個充滿神奇色彩的大都市裡實現自己的夢想。

這種想法縈繞在他心中，使他夜不能眠，所以，年輕的皮爾・卡登心情十分沉重。

一天，皮爾・卡登悶悶不樂地來到當地一家小酒吧，在一個角落裡獨自喝悶酒。這時，一位神態高雅的老婦人向他走來。

這位老婦人是伯爵夫人，原來住在巴黎，家境破落後被迫遷居到維希。伯爵夫人主動與眼前萎靡不振的卡登搭訕，皮爾・卡登便將自己的身世和夢想告訴了伯爵夫人。

原來，伯爵夫人對皮爾・卡登那身十分時髦的衣著很感興趣。當她了解到皮爾・卡登身上穿的衣服竟是他自己親手設計和製作的時，便情不自禁地驚嘆道：「孩子，你一定會成為一位百萬富翁，這是命運注定的！」說完，便把她在巴黎的好友、巴黎帕坎女式時裝店經理的姓名和住址寫給了皮爾・卡登。

伯爵夫人略帶神祕感的預言，就像一把火炬重新點燃了皮爾・卡登那日漸消失的夢想，他又重新振作起來了，鼓足了生命的風帆。

「每個成功的偉人，似乎都有一段傳奇的故事。」這句看來很荒唐的預言，竟激起了皮爾・卡登心中的熱情，他要做一隻翱翔在天空的蒼鷹，而不是天天待在樹枝上的小麻雀。「絕不能在這裡生活一輩子。」

皮爾・卡登決心離開這座小城，再次去巴黎闖蕩。

再次去巴黎尋夢

一九四五年風雨交加的年末，皮爾・卡登毅然辭去維希時裝店的工作，奔向了他理想中的服裝聖地——巴黎。

此時第二次世界大戰已經結束，這位二十三歲的青年，身無分文，兩手空空，從鄉下隻身走進繁華的巴黎。那天，天氣非常寒冷，刺骨的北風呼呼地吹著，像要把他從巴黎吹回法國的鄉下。

皮爾・卡登在艾菲爾鐵塔下不停地徘徊，想起離開維希前，那位伯爵夫人要他到巴黎後去找她的一位朋友幫忙，這人住在福布爾・聖・奧諾里大街。

皮爾・卡登想去碰碰運氣。他一邊往前走，一邊想：我要找的這個人會是什麼樣子，他願意幫助我嗎？更何況世事滄桑，人心不古，這人現在是否還住在這裡？他會接納我嗎？皮爾・卡登帶著憂慮疑惑向伯爵夫人給的地址走去。

當皮爾・卡登在愛麗舍宮對面的街上向一位過路人打聽地址時，蒼天不負有心人，真是巧合，這位過路人正是他要找的人。

皮爾・卡登找到了帕坎女式時裝店。這家時裝店在巴黎很有名氣，專門為一些大劇院設計和縫製戲裝。

時裝店老闆是伯爵夫人的好朋友，他接待了皮爾・卡登，並親自對他進行了面試。皮爾・卡登精湛的裁剪技藝征服了他，尤其是皮爾・卡登對舞台服裝深入的了解、獨特的設計風格，他不敢相信這竟出自一個小地方的名不見經傳的年輕人之手。皮爾・卡登當即被留用了。

在這裡，皮爾・卡登開始構建起自己的「巴黎夢」，同時也把自己推上了服裝設計的前沿，為日後成為舉世聞名的服裝設計大師奠定了深厚的基礎。

由於到了日夜嚮往的巴黎，找到了自己滿意的工作，從此，皮爾・卡登潛心於自己心愛的工作，刻苦鑽研。在帕坎時裝店，他嘗試了製造高級時裝。

不久，幸運女神便向他伸手，一個機遇使他能為著名藝術家尚・考克多的一部先鋒派影片《美女與野獸》設計劇裝，皮爾・卡登為角色設計的刺繡絲絨裝一舉成名，巴黎服裝界引人注目的一顆新星升起了。

《美女與野獸》使皮爾・卡登這個沒有受過正規教育的人獲得成功，他的成功，正如他自己所說的：「我能畫圖、剪裁、縫合、試樣，直至銷售，這完全是我勤奮好學的結果。」

隨後，皮爾・卡登又到當時法國最具權威的時裝設計大師夏帕瑞麗的時裝店工作了一個時期，夏帕瑞麗設計的服裝風靡了整個一九三〇年代。她使當時自負的「時裝女王」夏奈爾也不得不另眼相看。

夏帕瑞麗的藝術家的修養加上義大利人的熱情，給當時高級時裝界盛行的功能主義，注入了一股清新的氣息，她使服裝更具有藝術性，更具有現代美學的魅力。

《時尚》雜誌將她的作品選為「本年度的毛線衫」，從而使她在巴黎時裝界嶄露頭角。至一九三〇年代初期，夏帕瑞麗的公司年利潤已達一點二億法郎，她擁有二十六個工廠和兩千名僱員，她的知名度和企業的擴大速度，更是令人驚讚不已。

第二次世界大戰前夕，她在巴黎時裝界是非常受歡迎的，她的作品被廣泛複製、流傳。在她那典雅的工作室裡，有六百個僱員為她加工和接待賓客和訂貨，雖然，這還不算是巴黎最大的工作室，但影響卻是最大的。

皮爾・卡登在那裡工作時，得到了夏帕瑞麗的賞識，並在她那裡學到了經營方面的經驗。

一次，皮爾・卡登因為對一位非常挑剔的顧客吼了幾句，夏帕瑞麗一改往日的溫柔形象，像一頭被惹怒的母獅，把皮爾・卡登大罵了一通，這件事被皮爾・卡登一直記在心裡，之後時常以此來教育他手下的人。

一九三〇年代巴黎高級時裝界，已有一大批傑出的設計家，如維奧內、阿麗克斯、朗萬、路易斯・布朗傑、帕杜、莫利內克斯等，在一九三三年之前，夏奈爾在眾多設計家中獨占鰲頭，在服裝界獨領風騷，成了服裝界的盟主。

巴黎五光十色的服裝界提高了皮爾・卡登的鑑賞能力。皮爾・卡登開始感受時裝的魅力，並且雄心勃勃，積極準備，計劃向時裝界奮進。他需要不斷地充實、不斷地壯大，渴望有一個屬於自己的空間去展示才華。

一天，當皮爾．卡登聽說被報界讚譽為最出色的時裝天才、高檔服裝專家迪奧的設計室有空缺時，他立即前去應徵。

經過迪奧的考察後，皮爾．卡登很幸運地成為了他的助手。和迪奧一起工作對皮爾．卡登以後的服裝生涯的成功造成了不可估量的作用。

克里斯蒂恩．迪奧是本世紀最偉大的時裝設計大師之一。他在第二次世界大戰後成為時裝界的領袖。迪奧之所以成為時髦的代名詞，這是由於他最初設計系列的成功，一九四七年發表的「新造型」像旋風般地震撼了巴黎、美國和整個歐洲，成為二十世紀最轟動的時裝革新。那年他四十二歲。

「新造型」，突出和強調了女性的柔美，一改當時婦女們穿著單調、笨拙而呆板，帶著滄桑的戰爭痕跡和時代顏色的服裝。

「新造型」的成功為迪奧贏得美國德克薩斯的尼曼．馬科斯獎，那一年，迪奧專程親自赴美參加授獎儀式。同年秋，他應邀訪英，在倫敦受到英王室的熱情讚揚。法國政府也同時授予他最高榮譽「榮譽軍團獎」，以表彰他為戰後法國高級時裝業的復興所作出的貢獻。

迪奧每一次時裝發布都會成為流行趨勢，儘管只是些微妙的變化，也會引起西方社會的狂熱追捧。法國的《巴黎觀察》駐倫敦記者曾做過一段戲劇性的精彩描繪：

倫敦八百萬居民進入夢鄉，萬籟俱寂，在弗利特大街上一家權威報社的辦公室裡，新聞編輯們睡意曚曨。

這時，一位新聞郵差跳下摩托，衝進《每日郵報》這座現代化大樓，將電稿交給值班總編。當總編讀完目錄，便高舉手中稿子大叫：「放頭版！」這是一條來自巴黎的新聞：迪奧在今天的冬季系列中，裙子下擺不再低於膝蓋線。

第二天清晨，英國公民都讀到了這條特大新聞。

「新造型」震撼了巴黎，席捲了歐美；「新造型」使克里斯蒂恩・迪奧成了世界聞名的時裝設計大師。

一九四七年，皮爾・卡登在迪奧公司擔任大衣和西服部的負責人，並參加了曾轟動巴黎的「新造型」的誕生。所謂名師出高徒，沒過多久，皮爾・卡登的設計水準又登上一個新的高峰，形成自己獨特的風格，成為巴黎時裝界最引人注目的新星。

皮爾・卡登十分敬重迪奧，並且在迪奧那兒受益匪淺，在那裡他學到了「高尚」、「大方」、「優雅」的服裝的製作技巧，但他不甘心長期寄人籬下，內心強烈的創造慾望驅使皮爾・卡登於一九四九年離開了迪奧，去構築屬於自己的王國。

獨立創業獲成功

一九五〇年，皮爾・卡登用全部的積蓄在里什龐斯街買下了「帕斯科」縫紉工廠，並租了一個鋪面，獨立開辦屬於自己的公司。

如果說，皮爾・卡登在迪奧公司時僅僅是初露鋒芒的時裝設計大師的話，那麼，在里什龐斯街，他則成了舉世聞名的服裝設計巨匠。

這一年，皮爾・卡登首次展出了自己設計的戲劇服裝和面具。人們聞訊蜂擁而至，一件件獨具創意的戲裝和出神入化的面具，征服了現場所有參觀者的心。行家們更是讚不絕口，稱之為鬼斧神工之作。

法國高級時裝業是一個限制極嚴、顧客有限的行業，時裝公司大都是為貴婦名流等上層社會服務的，有時一個款式的衣服甚至只製作一套。

皮爾・卡登認為，「高級時裝只有面向眾多的消費者才有出路。因為只有擴大消費面，才可能使它產生普遍和廣泛的影響，才可能經受更為有效的考驗」。

一九五三年，在自己的服裝店裡，皮爾・卡登第一次舉辦個人時裝展覽。他設計的成套時裝式樣千姿百態、色彩鮮明，充滿了浪漫情調，非常符合巴黎人的口味，再加上皮爾・卡登獨出心裁編排的配有音樂伴奏的時裝模特兒表演，使他設計的時裝更具誘惑力。

這批時裝一上市，立即被搶購一空。有的人沒有買到這批服裝，便親自到皮爾・卡登的公司來要貨。如此巨大的轟動效應使整個巴黎時裝界為之震動。報紙的顯眼處也都是皮爾・卡登的名字。

甚至有些達官貴人、太太小姐們不嫌他的門面小，紛至沓來。一年後，他的第一家時裝店在聖君子郊區大街正式開張了。

從此以後，皮爾・卡登設計的各種式樣、各種規格的流行成衣產品，以敢於突破傳統、式樣新穎、富有青春感、色彩鮮明、線條明朗、塑感強為服裝設計的最大特點。他的許多時裝，被推舉為最創新、最美麗、最優雅的代表作。

在那一段時間裡，皮爾・卡登的這種風格引領了整個時裝的潮流。皮爾・卡登在五光十色、群芳鬥豔的巴黎憑藉著自己獨特的創造力，很快地打開了局面。

但是，一個獨闖巴黎的窮小子，要打破傳統、引領時尚可不是那麼容易的。

一九五〇年代初期，巴黎的時裝界被一片富麗豔亮、珠光寶氣所籠罩，而時裝也只是為少數貴族和富豪所服務，普通大眾從不敢問津。這種情況，使得時裝市場銷量極其有限，出路也是越來越窄。

身在時裝界的皮爾・卡登十分清醒地洞察到這一點，他決心要出奇制勝，一舉攻破這個陳舊而又堅固的堡壘。他要給法國服裝界注入新的活力，讓時裝成為大眾的東西，使更多的人能夠穿上時裝。

戰後的法國，經濟迅速復甦，大批婦女衝出家庭的樊籬，融入社會生活之中，整個歐洲的消費大增。

皮爾・卡登敏銳地捕捉住這一機遇，毅然提出了「成衣大眾化」的口號，並把設計的重點偏向一般消費者，使更多的人穿上時裝。這是一個歷史性的突破，不管是從社會意義上看，還是從時裝本身的意義上看，這都算得上是一個創舉。

皮爾・卡登曾製作過一套白領的紅大衣，賣給了美國梅西百貨公司，並被大量製作，並以美國中產階級買得起的價格出售，大獲成功。皮爾・卡登從梅西成功的這個例子，聯想到若將他設計的服裝大量成批出售，可能是一種成功的路子。

時隔不久，皮爾・卡登便推出了一系列風格高雅、質料適度的成衣。而這些物美價廉的服裝深受廣大消費者的歡迎，皮爾・卡登時裝店天天門庭若市，那些因循守舊的同行們卻恰恰相反，生意冷清，顧客寥寥無幾。

「成衣大眾化」在商戰中是出奇制勝的妙計，也是服裝界一種具有創造性的改革。「成衣大眾化」的意義遠遠超過了它本身的意義，它對整個社會的經濟發展、消費結構都產生了深遠的影響。

皮爾・卡登的這一大膽創舉，惹怒了保守而又嫉妒的同行們，他們群起而攻之，說他離經叛道，有傷風化。更令人難以理解的是，他們竟聯手將皮爾・卡登逐出巴黎時裝女服辛迪加。

面對世俗的偏見，同行的嫉妒，皮爾・卡登沒有屈服。依然我行我素，一次又一次使出奇招妙計，攻克和占領時裝世界的一個又一個陣地。

他已經學會了在逆境中抗爭的本領。

正如他說：「我已被人罵慣了。我的每一次創新，都被人們抨擊得體無完膚。但是，罵我的人，接著就跟著做我所做的東西。」皮爾・卡登以充分的自信和自己的才華，在商場上與那些頑固的同行奮勇拚殺。

被淘汰掉的東西永遠是落後的，進步的東西是無法阻擋的，就像皮爾・卡登設計的服裝並沒因為同行的排擠而在時裝界消失，反而在逆境中不斷發揚光大。

法國數百年的時裝歷史上一直都是女裝的領地，從來沒有男裝可以跨越。似乎亞當與夏娃生活在一起的第一天，就把愛美的權利交給了夏娃，讓她喬裝打扮出誘人的風韻，而亞當只配用樹葉獸皮來禦寒遮醜。

皮爾・卡登又一次打破常規，他繼「成衣大眾化」之後，又掀起了一股男性時裝的旋風，在那些被女性時裝長期壟斷的櫥窗裡，開始出現充滿陽剛之美的男性高級時裝。

就在時裝界的保守人士又一次群起而攻之時，皮爾・卡登又將他的注意力轉移到流行服裝的設計上。不久，一批色彩明快、線條簡潔、塑感強烈的流行服裝投向市場，並一舉成功。

一九五四年，皮爾・卡登一舉推出「泡狀服」，泡狀服的風靡使他從此躋身世界服裝設計上層社會，他的設計也被同行競相仿效。他是第二次世界大戰後第一個脫離迪奧型傳統束身線條服裝款式，而發展變化為穿著舒適、行動自如的新型服裝設計師。

皮爾・卡登對自己的成就也有幾分滿意。

他說：

當我還在迪奧做設計師時，我便為自己立下諾言：等到自己創業之後，我的服裝興許能夠穿在溫莎公爵夫人身上，而同時連她的門房也有能力購買。

我在一九五五年向高檔服裝貴族化所進行的挑戰，就是要我的服裝從各百貨公司的櫥窗裡走向廣大群眾，當時大家預言卡登之名將變得一文不值，但事實證明我取得了成功。

皮爾・卡登的系列童裝一經問世，迅速占領了整個歐洲市場。他所設計的童裝更是花樣百出，極富幻想力，彷彿一幅幅童裝圖案就是一個個兒童神話和夢想，打破了童裝市場一直保持平淡陳舊單調的形式，使落後的法國童裝與高級時裝一起走向世界。

在這以後，皮爾・卡登以款式新奇、料質柔順、做工精細的手法再次推出婦女秋季系列套裝，受到年輕太太及時髦女郎的關注，又一次轟動整個巴黎。

經過這不斷稱奇叫絕的市場效應後，皮爾・卡登的對手已由過去的排擠變為現在的佩服得五體投地。即便有一些人還在辱罵皮爾・卡登，但同時他們接著就仿做皮爾・卡登的東西。

皮爾・卡登的男裝在一九五〇年代是最出色的，他所設計的男裝不僅僅停留於涉獵階段，而是進行了真正深入的探索與開發。他提供了各式男裝，如無領夾克、哥薩克領襯衫、捲邊花呢帽、胸前鑲皮的青年套裝等。

一九五七年，他設計的斜紋軟呢無袖套頭毛衣及羔羊皮工作服、水手褲及雙層式晚宴襯衫，為男士裝束贏得了更大的自由。皮爾・卡登的男裝在他的設計中占絕對主導地位，其收入為女裝收入的五倍，占全部營業收入的百分之六十，然而，皮爾・卡登的女裝還是以其特有的別緻樣式贏得了人們更多的關注。

同一年，他第一個成功的女裝設計是一種有變化的寬大長衣，背部加上鬆鬆的褶。一九五八年，他的春夏系列赴英國倫敦表演，再次受到熱烈的歡迎。英國大商號貝克購下了複製專利，不久，日本皇室委託皮爾・卡登設計婚紗。

一九六〇年前後，皮爾・卡登開設了兩家很出名的時裝零售部：「亞當」和「夏娃」。前者專營男裝，包括領帶及束腰大衣、運動裝；後者則是高級女裝商店。光臨的顧客不僅是那些富豪、貴族，就連法國總統夫人及英國的溫莎公爵夫人等也都為之著迷。

歷史的進步，社會的發展，同時使人們的意識觀念也在不停地發生變化。一九六二年，法國巴黎時裝女服辛迪加在所有會員的要求下，將皮爾・卡登重新請回來，並請他出任行會的主席。

總統夫人的設計師

皮爾・卡登經常說：「我要在世界樹立法蘭西的形象。」皮爾・卡登走到哪裡，就把法蘭西帶到哪裡。他為法蘭西在世界樹立了一個完美的形象，受到人們的尊敬、讚揚和歌頌。

一次，印度前總理拉吉夫・甘地在雪梨的一家飯店下榻。在此之前甘地總是託人捎話，希望能與卡登先生見見面。一位服裝設計師能讓一位古老的歷史大國的領袖如是說：「這位先生我很看重，儘管我的日程表已排滿，但還是可以見見面。」

最使皮爾・卡登難忘的是為當時美國總統甘迺迪的夫人傑奎琳・甘迺迪設計服裝。當時，被稱呼為傑姬的傑奎琳在喬治敦醫院的產婦病房裡召見了皮爾・卡登，以了解他對春裝的設想，此時皮爾・卡登早就以具備國際鑑賞力與藝術判斷力而聞名於世。

當皮爾・卡登帶著一手提箱時裝樣式的素描抵達喬治敦醫院傑奎琳・甘迺迪病房時，只見房內掛滿了美國最佳時裝設計師所畫的素描，這並沒有把皮爾・卡登嚇倒，而且這些優秀的作品在他眼裡也並不是這些設計師用心設計的。

雖然這些素描是那些設計師們最好、最得意的作品，但皮爾・卡登所提供的都是比他們的設計更為精心的全新式樣，這些作品包含了他對傑奎琳・甘迺迪怎樣去擔當第一夫人角色的獨特見解。

由於皮爾・卡登所帶來的作品都是特地為傑奎琳・甘迺迪而創作的，所以唯一令皮爾・卡登擔心的是傑奎琳・甘迺迪會不會聘請所有的時裝設計師。那天，傑奎琳・甘迺迪異常動人和高興，並且是把皮爾・卡登作為她的老朋友而向他致意。

皮爾・卡登的第一張素描是一件簡潔的白色緞子的長夜禮服，這是皮爾・卡登為她參加總統就職典禮的慶祝舞會而設計的。他小心地觀察傑奎琳的反應，而總統夫人看到後立即發自內心地說：「完全滿意。」

接著，皮爾・卡登對這件服裝做了較詳細的描述：

最重要的是織物的質地，一種華麗的瑞士雙料緞子，其線條非常端莊，給人一種潔白無瑕的感覺，而且，織物的稀貴和緞子的華美令人難忘。

皮爾・卡登還告訴她關於她的服飾將發出什麼樣的訊息——簡潔、有朝氣而又端莊優雅。

一九六〇年代是美國歷史上最為開放的時代，嬉皮士運動、「甲殼蟲」、音樂……人們追求新生活的浪潮已蔚然成風。

第一夫人傑奎琳・甘迺迪完全明白皮爾・卡登傳遞給她的訊息，她開始激動地談到需要在白宮製造一種嶄新的氣氛。她要將白宮變為全國尊重禮儀和尊重知識的地方，同時還要邀請全世界最偉大的作家、藝術家和音樂家來到白宮做客。

皮爾・卡登向甘迺迪夫人出示了其餘幾張圖樣，並特別建議她在總統就職典禮上穿純料子大衣配無邊圓帽。

他說：「夫人，您看，在場的其他女性一定都穿著毛皮大衣，而您的穿著與眾不同，這件大衣將突出您的年輕。」

傑奎琳對皮爾・卡登設計的式樣，給予極大的讚揚，她一連說了四次「很好」，最後還真誠地說道：「我已經下了決心，你就是我所需要的服裝設計師。」

皮爾・卡登說：「可是必須是唯一的，我才願意接受此任。」

她問道：「你能單獨完成嗎？我要好多好多服裝呢！」

皮爾・卡登說：「當然能。」

皮爾・卡登在那個時候才開始意識到這是一項艱巨的任務。要付出的代價無疑是昂貴的，但榮譽和挑戰深深地吸引了他，也將為第一夫人設計服裝作為單獨的任務，全力以赴地投身其中。

甘迺迪還曾這樣告訴皮爾・卡登：「根本不必擔心錢的問題，年底我一張總帳單就行了，我會付款的。」並要求皮爾・卡登對於總數目持謹慎態度。「因為這可能被別人用來從政治上攻擊總統，而我已經是總統了。」

皮爾・卡登離開醫院後，汽車把他送到喬治敦的甘迺迪家中。新任總統很高興，他向皮爾・卡登問道：「卡登，和傑奎琳談得如何？」

皮爾・卡登回答說：「總統，您好，她要求我為她設計所有服裝。」

皮爾・卡登把最初兩三週時間稱之為「忙亂階段」。那時，總統夫人整天來函來電催促。皮爾・卡登按照傑奎琳・甘迺迪的要求迅速拿出服裝來的壓力的確很大。

當總統就職典禮的場面真正到來的時候，總統夫人這件淺黃色的全毛嗶嘰大衣配上黑貂皮大衣領和手套，再配上無邊女帽，立刻吸引了無數人的目光！

從此著名的「傑奎琳式樣」在服裝市場上主導了新的潮流，皮爾・卡登的大衣就像雨後春筍似的掛滿了各時裝店的每個貨架，連傑奎琳式無邊女帽也隨之廣泛流行。同時新聞界也爆發了一場報導傑奎琳・甘迺迪的熱潮。

第一年皮爾・卡登提供了一百套的服裝，在甘迺迪的總統任期內總共拿出了大約三百套。

皮爾・卡登常常處在趕製服裝之中，例如，甘迺迪在和赫魯曉夫舉行美蘇首腦會議期間，皮爾・卡登透過「空軍一號」專機向法國和維也納趕運十套服裝。在一次暴風雪中皮爾・卡登親自趕辦，把裝滿十二大箱第一夫人的服裝，用計程車從華盛頓的聯合機場送到白宮。

他們在工作上聯繫的方式是由傑奎琳・甘迺迪向皮爾・卡登提出所需服裝的清單，例如三件白天穿的亞麻布或絲綢外套，或夾克衫，或三件舞后服裝，絲綢配以黑圓點花紋的草帽。然後再透過電話討論一些設想。

此後，皮爾・卡登就著手搞出設計圖樣和織物樣品。傑奎琳每次定製十件，這些都是在皮爾・卡登紐約設計室創作的，並由一位模特兒試穿。然後，他的助理凱・麥克高溫就把樣品拿到華盛頓進行最後試穿。

由於工作上的聯繫，也增進了皮爾・卡登和傑奎琳・甘迺迪的友誼。傑奎琳・甘迺迪十分珍惜皮爾・卡登同她的工作關係，更珍惜她同皮爾・卡登之間的友誼。

當傑奎琳出訪印度和巴基斯坦時，甘迺迪夫人特地向皮爾・卡登發出賀信：「我要告訴你的是：你設計的服裝真是沒話可說的，太好了！我非常喜歡它們，那件白外套可愛極了，的確是一件傑作。」

隨著皮爾・卡登與甘迺迪夫婦的關係日益密切，皮爾・卡登在他們心目中的地位也日益鞏固，這也為皮爾・卡登能及時促使甘迺迪總統允許其妻子在服裝式樣上進行新的突破。

有一次皮爾・卡登為傑奎琳・甘迺迪設計了一件單肩晚禮服，雖傑奎琳見到後讚不絕口，但她卻認為自己不能穿。她告訴皮爾・卡登：「你必須與總統談談這種式樣。我並不認為他會允許我在照片上裸露出一個肩膀。這可能太過頭了。」

為此，皮爾・卡登專門去拜訪了甘迺迪總統，並告訴他關於從歷史到今天服飾所起的作用。他說：「在古時，常常是皇后或最高女祭司確定服裝式樣，她應該走前一步，才能受到臣民的稱讚，這是她的一項社會職能。您應該知道甘迺迪夫人在這方面對您有多麼重要的意義。在這種特殊情況下，我並不倡導野蠻或者輕浮，真的，這種式樣看上去像是三千多年前的。古埃及還認為這種服裝是保守的哩！」

甘迺迪總統聽後笑了，他點點頭，說：「好，卡登，你勝利了。」

有了第一次突破，第一夫人和皮爾・卡登使甘迺迪總統走得更遠，總統允許她雙肩袒露，一件粉紅色和白色相間的服裝配上披肩。這一身打扮在法國愛麗舍宮中受到了讚賞。

皮爾・卡登和甘迺迪總統的關係十分融洽寬鬆，經常就許多方面的問題進行長談。

甘迺迪總統喜歡對皮爾・卡登的服裝設計發表評論——而皮爾・卡登則常常尋找某種方式給他對服裝發表評論的機會，例如皮爾・卡登特意腳穿大紅襪和天鵝絨拖鞋，下身為法蘭絨褲子，上身著絲綢襯衫和大紅領帶，外套是藍色運動服，讓他見了評論一番。

皮爾・卡登還鼓勵甘迺迪總統在穿著方面應該更富有創新精神，而總統對此也是欣然接受。

皮爾・卡登告訴他：「總統先生，這個世紀在時裝領域內只有一位真正的男子漢，那就是溫莎公爵。您可能是第二位。我能使您成為在世界時裝方面如同傑奎琳一樣重要的人物。」

甘迺迪總統對此很感興趣，還有些好奇。如果不是甘迺迪被刺殺，那麼，在這個時裝領域內他可能會有某些重要的貢獻，因為皮爾・卡登已開始使他朝著這個方向發展了。

名人們的「衣」戀

英國女首相柴契爾夫人曾私下說過：她對皮爾・卡登有一種天父般的感覺。

柴契爾夫人對時裝一向有著非常濃厚的興趣，這也是她與皮爾・卡登結下深厚情誼的一個原因，因為柴契爾夫人認為衣著美觀整齊，能使人看了便有了賞心悅目之感。而且，這也能促進服裝業的發展。

柴契爾夫人的母親曾當過服裝師，她是個道地的專業技師。所以，柴契爾夫人從小就懂得裁剪的重要性，並學會如何裁製服裝。結婚之後，孩子的部分衣服就是由柴契爾夫人自己縫製的。

她愛看《時尚》雜誌。當她目睹皮爾・卡登這樣的第一流服裝師製作的衣服樣品時，才真正領悟裁剪技術的真諦。當大家在欣賞時裝時，可能會有同感，喜歡能顯示確切的式樣，衣服的前胸與後背樣子能一目瞭然。

此外，柴契爾夫人還要看看身上衣服處於動態時又是何等模樣。在選購衣服的過程中，柴契爾夫人不是直愣愣地站在鏡子前，而要來回走動幾步，觀察一下衣服如何擺動，是否勻稱得體，對於式樣、襯料、裝飾配件的組合等柴契爾夫人尤為注意，因為一件做工精良的外套包含著別具匠心的技巧。

令柴契爾夫人記憶猶新的一句話是：「時裝業只有為消費者的需求服務才能生存。」這也是皮爾・卡登常說的。

時裝業需要大量資金，因此，辦時裝業真是大生意。有這種可能，即人數不多的企業可以用現代技術生產出更多的產品，但時裝業仍將保持其勞動密集型企業的特點。

例如服裝設計、面料加工、經營買賣等，只得靠人工而不能靠機器。所以柴契爾夫人非常明白皮爾・卡登在服裝生產方面作出的巨大貢獻。

柴契爾夫人是推動服裝業的第一位政府首腦，只要有利於推動英國時裝業的事，柴契爾夫人都盡力為之。

現在，英國已成立了英國時裝理事會，並透過承辦「英國時裝週」來助上一臂之力。另外，還成立了英國海外時裝貿易協會，目的是把英國的時裝工業推向海外。柴契爾夫人對高雅的服飾一直非常感興趣，即便是不知道皮爾・卡登，儘管時裝廣告令人生厭，但這無關緊要，只要服裝生意購銷兩旺，就不予計較。

柴契爾夫人後來在觀念上有所改變是因為皮爾・卡登時常講一些關於時裝藝術方面的理論，這使她得益甚多。

俗話講，人靠衣裝佛靠金裝，特別是一位常在公眾面前拋頭露面的婦女來說，無論她是行政官員、律師或企業家，她的衣著打扮往往與她個人的氣質息息相關。這就是她們在社會生活中常愛穿比較高檔和「端莊素雅」的服裝的緣故。

因為一個人的服飾往往襯托出個人的氣質，所以，衣著漂亮整齊的女子絕不會給人以浮誇失態的印象，人們往往根據她的儀表獲得對她的初步印象。平時儀表看來似乎無傷大雅，但是你若出現在國外並且代表國家就事關重大了。柴契爾夫人在國外遇到其他國家的女部長們時，發現她們的穿著方式幾乎是不約而同的。

皮爾・卡登每年都會為柴契爾夫人製作一兩套時裝。其中，肩膀的尺寸略微放寬，袖子頂端的式樣也較前注重。這是柴契爾夫人在時裝方面所做的僅有的一點讓步。

柴契爾夫人在出席一些重大場合活動時，在服裝穿著上會徵求皮爾・卡登的意見，而皮爾・卡登的建議每次都會得到柴契爾夫人的認可。

例如有一次，她向美國國會發表演說，選了一套淺色的羊毛衫。當她前往北京簽署《中英兩國關於香港回歸協議》時，正逢北京大雪紛飛。於是，皮爾・卡登建議她穿了一套色冬裝。

皮爾・卡登曾仔細觀察那些衣著整齊漂亮的女子，發現了佩戴裝飾件的重要。當穿上一件平淡無奇的女服或外套時，若能再佩戴上這些珍珠，就顯得氣度不凡。珍珠看來是為老年婦女服務的，還可使她們的皮膚增色生輝。於是他建議柴契爾夫人戴珍珠耳環。

柴契爾夫人對服裝的要求已不宜於像年輕姑娘那樣追求新穎時髦，而是應著眼於符合審美感，雅緻大方，要在穿戴方面形成自己的風格。

皮爾・卡登時常對柴契爾夫人說：「既要勇於放棄你所喜愛的但與你年齡不相稱的服裝，也要勇於穿可能引起別人議論的服裝。」

在時裝方面，皮爾・卡登在影響柴契爾夫人的同時也深受柴契爾夫人的啟示，例如時下流行的夾克衫配裙褲，就是柴契爾夫人依據皮爾・卡登的一套時裝改製成功的。

在英國，人們總是把皮爾・卡登與柴契爾夫人同時列出來，討論對時裝的推動作用，所以可以這樣說，皮爾・卡登不僅影響了柴契爾夫人，同時也影響了英國的時裝界。

皮爾・卡登的時裝不僅在鐵娘子的心裡扎了根，同時法國著名歌唱家米海依・馬蒂厄也為之瘋狂。出生在法國南部地中海邊的阿維尼翁市的米海依・馬蒂厄在她成為明星的同時，也深深地迷戀上了皮爾・卡登的時裝。

她認為皮爾・卡登的時裝所展現的精神和風格，正是她的歌聲所要追求和企盼的目標。在經過幾番周折之後，米海依終於見到了這位已享譽世界的服裝大師，更被這位服裝大師精彩絕倫、生動而又富於哲理的談話所折服。

皮爾・卡登也被這位富於朝氣和青春活力的年輕歌手所吸引，但他更像是一位年長的父親，他常常和米海依探討服裝的發展，並常常為米海依設計各類服裝。

為此兩人結下了深厚的友誼，每當米海依穿著皮爾・卡登為她設計的服裝在舞台上不斷地獲得成功時，米海依自己也無法分清，深深打動觀眾心的是自己的歌聲，還是皮爾．卡登的服裝。

隨著米海依與皮爾．卡登友誼的日益加深，米海依的聲譽也日漸高漲，她應美國哥倫比亞廣播電視公司特邀，參加「歌曲集錦」節目的演出。這是收視率較高的專題之一，大約有五千萬電視觀眾在收看。

皮爾．卡登為米海依參加這次節目演出專門設計的紅色直筒洋裝吸引了無數觀眾的眼球，當她的聲音揚起迴蕩時，所有的人都聚精會神地聽，甚至連電視台的工作人員都欣喜若狂，他們驚嘆道：「水銀燈下真是新事物層出不窮！有如此美妙的歌，更有如此美妙的服裝。」

兩週以後，這位阿維尼翁小姐使全美洲為之瘋狂，為之傾倒。她驚喜地向遠在巴黎的皮爾．卡登打來電話，激動地說：「你能相信嗎，你的服裝讓我征服了美洲大陸，他們與其說是聽我的演唱，倒不如說是迷上了你設計的服裝。」

一九六七年至一九七八年六月，米海依應邀前往西德、美國、加拿大、比利時、瑞士、伊朗、英國、蘇聯、日本等地演出。

米海依每次演出回國後，都會立即去拜見皮爾・卡登，而他們就像久別的親人，有說不完道不盡的事情。

打造卡登王國

我最大的夢想是能在月球上開一家皮爾・卡登分店。

——皮爾・卡登

創造出卡登風格

與其說皮爾・卡登一九六〇年代的成功是因為讓時裝平民化，還不如說是因為他創造出了自己的風格。

皮爾・卡登認為：「服裝本身的作用，應該在於反映穿著者的個性與氣質，所以其他裝飾品盡可能該減則減，該省則省，甚至不需要。」

最令他難以忍受的是女人身上珠光寶氣。「就好比把自己所有家產銀行戶頭存款單全吊在脖子上，俗不可耐。」他說。

布料本是無生命的，但在皮爾・卡登的手上，它卻會變得流暢自然，能有力地襯托出服裝造型設計上自由散發的色彩與線條。他是個善於審時度勢的人，他曾經利用當時歐美年輕一代「解放自我，追求自我」的強烈慾望與要求，果敢地發動一場服裝上的「大革命」，掀起服裝改革的新潮流。

皮爾・卡登總是緊緊抓住現代科學技術的進步並適時做出回應，並在他的服裝設計上表現出來。他對時代節奏、未來造型的探索也十分敏銳和執著。他的女裝造型抽象、概括，擅長使用各種幾何形體，各種獨特的聳肩、褶　，猶如現代雕塑一般。

一九五〇、六〇年代，人類邁開探索宇宙空間的步伐，當蘇聯太空人加加林步入太空，將人類的想像帶入宇宙時代的同時，像世紀初的時裝大師保羅・波烈對俄國芭蕾著迷那樣，皮爾・卡登的思維也彷彿進入了太空軌道。

一九六四年，皮爾・卡登的時裝系列直指月球，竟然比太空人搶先「到達」了宇宙空間。他吸收了太空人的頭盔、皮長靴和迷你裙的下擺，創造了鎧甲式的針織「宇宙裝」，給時裝界帶來了一種前所未有的新感覺。

如果說當時走紅的英國女士瑪麗・奎恩特的設計帶有嬉皮士的哲理，法國的古海熱具有表現主義或現代主義意味的話，那麼，皮爾・卡登的設計更具有科學時代的性質。

一九六〇年代皮爾・卡登已進入「不惑之年」，但他因勇於探索，一直被人們視為先鋒派的代表人物。

皮爾・卡登的設計與一九六〇年代青年反叛的狂飆趨於同步。皮爾・卡登認為許多設計之所以失敗，是由於服裝性別上的生硬割裂或交換造成的，他抓住這一點，創造出沒有明顯性別特徵的服裝，並被隨便命名為「無性別」時裝，而這卻又使他聲譽鵲起。

大膽突破，不斷創新，始終是他設計思想的中心，其手法則無所不用其極。皮爾・卡登女裙開衩極高，領子設計也是極大極寬。我們可以從他那些稀奇古怪的領式上看出，他掌握了面料的性能和結構的技術處理，如一種大G形領子，無論是造型還是工藝技術，無不令人讚嘆不已。

在他的服裝設計上，你能感受到一種建築造型的美感。彷彿是著名建築師格羅斯佩斯在服裝界的再生。皮爾・卡登十分重視並強調服裝造型線或外輪廓線，常以圓形或矩形取勝。

皮爾・卡登被時裝界譽為掛式大衣的先驅，其特點是在寬大簡潔的造型裡，獨具匠心地運用了多種打褶方法，有人說，他在褶　方面運用了令人眼花繚亂的全部音階。

他長於任何可能的褶　，或旋繞成錐形的領口，或形成放射狀的夾克，創造出獨特的凹槽或彈夾式褶　，以及個性鮮明的褶　孕婦服，都令人叫絕。

皮爾・卡登的精湛技術和藝術的修養，使人體美麗曲線與服裝的流暢線條融為一體，同時使面料特質與流動的褶、 、縐也巧妙地結合在一起。

一九七〇年代的皮爾・卡登，設計仍然保留著他精緻線條的特點，除了傑出的夾克、大衣、緞子禮服外，他設計的長及小腿的中庸裙也受歡迎，尤其是在美國市場上。他的特長大衣與迷你裙相結合的系列，更是大受西方世界瞬息萬變的顧客們的歡迎。

皮爾・卡登善用鮮豔強烈的大紅、中黃、藍綠、鈷藍和紫色，其純度、明度、彩度都特別飽和，他用色強烈，給人以健康之感，同時也引起人們的爭議，有人對此讚不絕口，也有人對此嗤之以鼻，儘管如此強烈的色彩加上獨特的造型，更突出了現代雕塑感。

皮爾・卡登對此曾這樣描述：

我創作時，最重視色彩，因為色彩很遠就可被人看到。其次才是式樣，我喜歡用純淨的線條。

這也正是皮爾・卡登的獨到之處。

而這個時期的皮爾・卡登也在時裝事業上達到頂峰狀態。一九七〇年，皮爾・卡登開設了「卡登世界」，並創建了內裝修美術館。一九七一年，皮爾・卡登因對服裝表演界貢獻卓越而獲義大利「奧斯卡獎」。

皮爾・卡登以自己獨具匠心的創意，一直推動著服裝界的發展。並且他的「服裝真誠向群眾」主義，間接導致以往靠少數富人領導衣著流行的傾向，被廣大的青年群眾所代替。

在服裝領域，皮爾・卡登是一九七〇年代崛起的國際服裝設計師的精神導師，如蒙達那、高奇悅等後起之秀，更是從皮爾・卡登那兒學到挑戰性與製造突破感。高奇悅曾說：「我從皮爾・卡登那兒學來了椅子可當帽子戴。」

皮爾・卡登從不否認他不斷給予大眾的驚奇感是他在服裝界成功的主要因素。他更不隱瞞自己的觀點：

領導時裝靠創作，我的創作就是在「唐突」大眾。

事實上，任何劃時代的創作都會令人感到唐突，因新的東西創作指向未來。一項成功的服裝創作，需要六年才能使它被大眾習慣、接受而流行於大街小巷。

他還這樣說：「一個服裝設計師不應該只領導設計漂亮的衣服，他必須使他的創作令人感到驚奇。一般人一時的反應可能無法接受，甚至感到厭惡，但設計師已為自己樹立起新的風格了。」

他說：「衣著款式有無品味，與服裝設計的創造性毫無關係。不要去在乎社會上已定了型的服裝樣式，更不要去理會保守派服裝評論家的一味否定與眾不同的新創作，一個服裝設計家應該超越這些束縛。因為到最後優秀的創意一定會戰勝時間的挑戰，終於被大眾所接受。」

皮爾・卡登雖然單指的是服裝一種，可其中的意義與內涵完全超越了服裝界本身。這些早被服裝設計家所接受的精闢的理論與見地，同樣適用於哲學家、文學家、畫家、音樂家及建築家等。

皮爾・卡登的創意源源不斷，而又如此自信，其中自有道理。他說他喜歡在夜深人靜時，閉上眼睛創作：「在無盡的黑夜中，我先想出一些立體線條，一些活躍在空間的抽象圖形：圓的、方的、三角的……我再開燈，用筆把它們畫下來，繼續想等待造型決定後，才把模特兒的輪廓套進設計好的服裝造型中，就好像將花插入花瓶裡一樣。」

「我的創作就好比花瓶設計，而女人就是流體的水，流在我設計的模子裡，隨著花瓶的形狀變化，而塑造出她的線條、她的造型。」

各行各業，都有自己的一套行頭，想要永遠領導潮流，機會更是渺茫，特別是在花樣翻新、變幻無窮的時裝界，皮爾・卡登能領導一九五年代世界時裝潮流，這已經是世界服裝史上的奇蹟。

造型現代是皮爾・卡登時裝設計的一個顯著特點。他的服裝造型常常是抽象的，包括服飾構件和服飾紋樣，所以他始終被譽為法國時裝的「先鋒派」。

一九七三年的「中國熱潮」裡，他利用了中國建築的飛簷的立意而創作出肩部高聳的女裝。當皮爾・卡登一九七八年第一次來華，在故宮遊覽時，他被這宏偉古老的建築物驚呆了，他深深地折服於中國古代文化，並從建築中獲得了創作的靈感。

對於化纖面料的新成果，也往往捷足先登，使他的服裝特具挺直和色澤鮮豔。與此同時，前衛藝術家皮爾・卡登也付出相應的代價，由於他超乎常人的敏銳審美意識和洞察力，往往遭到冷遇，正如評論家常說的，「卡登的時機選擇得很糟糕。雖然他常常率先推出最新款式，但其被顧客接受的程度卻往往令人失望。」

同時，當人們回顧他的作品時就會佩服其超前預見性，例如，一九六二年他設計寬邊領帶，曾被人們定格為是「不高尚」的，然而在數年後，竟賣出了一百二十萬條。又如，他在一九六六年推出的格子呢圍裙和馬球運動衫直至一九七〇年代才在市面上流行。

皮爾・卡登的超前設計使他不易在當時被接受，只有人們在反應過來之後才會對他進行重新認識，所以這類現象的出現是皮爾・卡登服裝設計的必然結果。

不管他的設計如何賦予現代抽象概念，不管他是多麼的前衛，但他並沒有像以後的日本著名服裝設計師三宅一生、高田賢三，以及英國時裝設計師韋斯特伍德走得那麼遠，他設計的基本原則仍是發揚高級時裝的傳統精神，高雅、優美、富有女性美。

他這種傳統精神的繼承，是與迪奧的師承關係分不開的。在他的作品中不僅能找到迪奧的遺風，也有他年輕時曾崇拜過的大師巴倫夏卡工作室的特點。就像評論家說的：「卡登是唯一懂得現代派高雅的人。」

高雅是皮爾・卡登追求的目標，也是許許多多時裝設計大師們追求的境界。時裝一旦離開高雅，也就談不上美了。

提及卡登風格，人們不免想起他那位同樣有著藍綠瞳仁的義大利同鄉喬治・亞曼尼。人們說，夏奈爾意味著一九二〇年代；迪奧代表了一九五〇年代；奎恩特顯示著一九六〇年代，那麼，亞曼尼就象徵著一九〇年代。

但曾榮獲尼曼・馬科斯獎和克・沙克男裝獎的亞曼尼說：「對我設計影響很大的是皮爾・卡登的便裝、職業女裝和運動裝，它看上去很簡單，但當時的歐洲卻沒有。」

一九七四年十二月，皮爾・卡登登上了美國《時代》雜誌的封面，該雜誌對他的評論是：「本世紀歐洲最成功的設計師。」

一九七五年，皮爾・卡登在巴黎開辦了設計時裝店。一九七六年，他被義大利共和國授予「特等功勛」獎章。

收戈比．維尼為徒

除了服裝設計師喬治．亞曼尼，戈比．維尼也是皮爾．卡登的同鄉，這位小同鄉稍懂得一點服裝藝術時就對皮爾．卡登極為崇拜，他從小有一個心願，那就是能有一天師從皮爾．卡登。

但是這樣一位聲名顯赫的大師級人物能這麼容易接近嗎？戈比．維尼也說不準，但是他太想實現這個願望了。

為了尋找一個接近大師的機會，戈比．維尼幾乎想盡了各種辦法。這天，他終於有了一個機會，事情緣起於一位蘇聯名模，是這位名模把他推薦給了皮爾．卡登。

這位名模在皮爾．卡登手下工作多年，與皮爾．卡登私人感情很好。於是戈比．

維尼費盡心機地認識這位名模，引起她的注意，博得她的好感。戈比・維尼對藝術的追求和對皮爾・卡登的崇拜深深地打動了這位蘇聯姑娘，她樂於為戈比・維尼當一塊敲門磚。由於她的出面，皮爾・卡登決定對戈比・維尼進行考察。

當時戈比・維尼遠在美國，卡登就讓他寫一篇文章，討論當時美國春夏服裝的款式，考察一下戈比・維尼對時裝的感悟力。

對戈比・維尼來說，這無疑是一線生機，他絕不能錯過，於是他全力以赴，用了兩天兩夜時間完成了作業，並馬上寄給了皮爾・卡登。後來，這篇文章被登在《巴黎時裝報》上面，引為經典文章。

戈比・維尼的文章是這樣的：

美國各服裝商店春、夏服裝展覽的一項指導原則就是多樣性。最近生產的中式衣衫、夾克衫等均有新的變化，通常由亞麻布製作，亞麻布是今年春暖季節織物「明星」，顧客們並不在意它會起皺褶。由於美國服裝設計師對式樣的要求是「不複雜而又大方」，因此無飾邊的服裝廣為流行。

春夏女服和套服均大量供應，最引人注目的是中式襯衫，它已一改從前那種寬鬆下垂的外觀，呈現出細長形。女服樣式變化各異，有的配有白色的大領，有的背部骨要呈皺褶狀，有附帶的女服，多數的綵帶都是繫於腰下部的。

展出的多數入場服裝都色彩絢麗，既有鮮豔明快的色彩，也有異乎尋常淡而柔和的顏色。三件和四件一套的內衣情況也是如此，亞麻布衣服外面罩一件圍裙式束腰外衣，這就是一家時裝店挑選的新套服。

這樣的見解深深地打動了皮爾・卡登，他覺得戈比有設計時裝的天賦，是一塊可塑之才，不能讓他埋沒。於是皮爾・卡登親自到機場為戈比・維尼訂了機票，讓他到巴黎來。

戈比・維尼接到皮爾・卡登的邀請信，激動得整晚都睡不著覺，他似乎看到成功在向他招手，他第二天便開始收拾行裝，飛到了巴黎。

到達那裡後，他並沒有徑直去見皮爾・卡登，而是去會見了那位蘇聯名模，向她表示感謝。

第二天，他登門拜訪了皮爾・卡登，兩個人在辦公室裡，談了整整一個下午，這一個下午對戈比・維尼來說，無疑是有重大意義的，也正是從這一天開始，他真正步入了這塊天地。在戈比・維尼的自傳中，有這天下午的談話記錄。

當天才遇到名師，將會擦出怎樣的智慧火花？以下就是戈比・維尼後來整理的他與皮爾・卡登的談話：

卡登：時裝式樣變化無常已經成為日常閒談的話題，大概因為設計師們的豐富想像力就是這樣變幻莫測的吧？

戈比：服裝上任何較大的改變都要受到時代要求和社會的制約，並非某一個人隨心所欲所致。設計師只不過是做些更為細緻的修改，比如把緊身洋裝改為寬款式等。而那些已經成為傳統的款式，就無須改動。為了在傳統中注入新生命，只要改變其顏色和料子就行了。

卡登：從短裙到超長裙的大轉變是由什麼引起的？短裙在西方是由工廠主發起的，因為他們對生產連襪褲替代較為便宜的長筒襪感興趣，而超長裙則是紡織商發起的，是真的嗎？為什麼短裙風行長久，而超長裙僅僅流行了一年？

戈比：短裙是我們時代生活節奏快的反映，它對婦女說來似乎在延長其青春。因為短裙總會使人聯想到少女與女孩。這就是短裙經久不衰的祕密。遺憾的是，有些年齡和體形都不適合穿短裙的人，也穿上了短裙裝，時裝的聲譽受到了損害。於是設計師們推出了超長裙。超長裙是被迫問世的，只持續了一年，就被中長裙所替代。後來就向較為雅緻和舒適的傳統長裙過渡了。

卡登：讓我們順便也來談談男子的時裝，如領帶和上衣，是不是像人們所說，這些已經過時了？

戈比：這話是沒有根據的。領帶是西裝的正式構件，使穿戴者具有個性色彩，有助於表現他的個性。

男式西裝上衣已穩定了一個半世紀多，現在正在開始改變。首先，厚而重的上裝不再受歡迎，而是流行輕便的，使用輕、薄的半毛料和無重量的黏合墊襯製成的上裝，但仍保持過去的式樣。

卡登：請談談婦女的服裝近期將有何改變？您對婦女的穿著有何建議？

戈比：不會有大的改變。傳統雅緻的西裝套服仍會繼續發展，如嚴謹的英國風格配以浪漫色彩的飾件。對青年來說，最適合的是運動裝。無論是禮服還是常服都要符合民間風俗習慣。青年婦女的服飾傾向於花色鮮豔，能呈現出體形美和腰身的款式。

比較柔和的色彩——淡褐黃色、咖啡色、銀灰色、淡藍色將占優勢；暖色多於冷色。作為對比補充，可用極其鮮豔的綠色、紅色、橙色。黑白兩色仍將受歡迎，比如一件小小的黑色洋裝配上一朵色彩鮮豔的小花。

服裝首先應當合身，即應考慮到身材、肥瘦。總之，每個人都應力求適合自己的風格。

經過兩輪考驗，皮爾．卡登了解了戈比．維尼，已經默認了這位弟子，並且時時加以指點，戈比．維尼由於得到了名師的幫助，在時裝藝術道路上突飛猛進，最終也成為像皮爾．卡登那樣的大師級人物。

他的名字是一九八〇年代義大利的驕傲，同義大利的白松露、糕點和歌劇享有同樣的聲望。戈比．維尼在衣著款式的改革上引起了不小的變動，他的改革影響深遠，不僅包括穿著服裝的人們，而且包括穿著受他影響的服裝的人們，以及在服裝的觀念上不知不覺地受戈比．維尼影響的人們。

戈比．維尼設計的時裝與當初處於頂峰的皮爾．卡登設計的時裝風格有很多相似之處，智慧而不輕佻、優雅而不炫耀，在他設計的服裝上完全得以展現。

行家都認為，把那種義大利式的在某些部位收小的男裝式樣移植到女裝上去，是戈比．維尼的大膽創意，在以前從來沒有人敢這樣做過。

一九七五年，戈比．維尼自立門戶，成立了自己的公司，無論資金還是人員，公司規模都相當小。後來隨著業務的蓬勃發展，公司規模逐漸壯大，資金迅速增加，辦公室遷至羅馬市中心一幢房屋的底層。

戈比．維尼對其他服裝設計師設計的服飾也頗感興趣，對時裝大師聖羅蘭尤為尊敬。他說：「聖羅蘭對世界時裝作出了那麼大的貢獻，使得婦女們更漂亮了。他打破了阻礙服裝發展的舊傳統觀念，創造出更新穎更活潑的服裝。也許，他和皮爾．卡登一樣是個天才，不過從對我的影響來看，誰也沒有皮爾．卡登那麼大。」

後來戈比・維尼名揚天下，但他並沒有忘記給予他無私的關懷和幫助的恩師——皮爾・卡登，每年都要飛到巴黎去看望這位時裝大師，而皮爾・卡登也不會忘記這位優秀弟子和同鄉，每次聚在一起，他們都會不停地聊天，值得注意的是，他們常常在一起探討的並不單純是時裝藝術，還有許多業外話題，比如做人的原則、生存的意義等。畢竟是先做人才能做事。

名師出高徒，皮爾・卡登一生性格怪異，所以弟子不多，但戈比・維尼卻是他最喜歡的弟子之一，也是最成功的弟子之一，有了這樣優秀的弟子，皮爾・卡登非常自豪。

讓醜小鴨變白天鵝

時裝歷來離不開名模，「皮爾・卡登」品牌也是如此。在卡登王國裡，模特兒們在皮爾・卡登對時裝和美的藝術深厚造詣的薰陶下，不光是服飾的載體，又是品牌的文化使者。

法國著名婦女雜誌《她》評論道：皮爾・卡登，細高身形，他被視作法國時裝界的一員，和他緊緊伴隨的是繁榮景象。他總能讓那些醜小鴨們變成白天鵝。

皮爾・卡登說：「我偏愛服裝，我為生活而創造它們，而這種生活並不存在——那是明天的世界。」

毫無疑問，皮爾・卡登是時裝界的名人，但他的性格卻有些怪異，他像古萊和巴倫夏卡一樣堅持遁世哲學。當人們同他談話時，他似乎總是心不在焉，而他講起話來，又往往以憂鬱閃爍的目光盯住別人的臉，彷彿是同宇宙在對話。初次見到皮爾・卡登的模特兒總是害怕同這位著名設計師難以相處。

皮爾・卡登有時會讓你覺得難相處，但那是在工作時，那是因為他一絲不苟的性格，他事必躬親，對下屬要求嚴格，近乎苛刻。

皮爾・卡登這位時裝界天才工作時的投入程度時常讓人驚嘆。他說：「我生活在工作中，我生活是為了工作。」平常他總喜歡在一間狹小的工作室裡，倚著鋼架和木板搭成的桌子工作。

皮爾・卡登的生活極其簡單，旅行也許是他唯一的愛好，除此之外他的生命也是寂寞的，在他輝煌而又孤獨的生命裡，有兩個女人和他朝夕相處，共同生活，占據了他生活的很大空間。一個是她的姐姐，後來成了他的管家。

另一位是著名的電影明星讓納・摩若。他們在一起生活了許多年，但最終並未成婚。也許，正是因為強烈的事業心，才使皮爾・卡登不得不個人生活從簡。有人說，他的多種才能是一種「天賜」，也是一種「災難」，也許他的種種長處和缺點都同這天賜或災難有關。

與皮爾・卡登接觸最多的倒是那些時裝模特兒。皮爾・卡登常有神奇的魔力，他確實能使那些「醜小鴨」變成美麗的「白天鵝」。伊莎貝爾就是這樣的一位幸運兒。

伊莎貝爾出身貧寒，她的父親是來自塞文山的雜貨小販，母親是奧弗涅山區的牧家女。

伊莎貝爾的童年是不幸的。五歲那年，她的母親死於肺結核。而她那年輕而喜歡尋歡作樂的父親到美國去尋找樂土，便把女兒留給了伯父。

儘管遭遇了不幸的童年苦難，但是「灰姑娘」依舊長成亭亭玉立的大美人。烏黑的頭髮，修長的身材，楚楚動人的眼睛，小而翹的鼻子和一張任性的嘴巴使她成了一個人見人愛的美麗姑娘。

此時的伊莎貝爾已不能滿足現有的生活，她來到巴黎，希望能在歌壇上大展宏圖。然而，當時的巴黎人才濟濟，作為一個外省人，要想出人頭地有所作為是極其不易的，她只有整日在街頭徘徊，尋找機會。

一次，伊莎貝爾看到迪奧服裝公司招收模特兒的廣告，她抱著試一試的心情，走進迪奧的辦公室。眼前佳麗如雲，伊莎貝爾簡直不知所措，強烈的自卑感使她失去了勇氣。她最終敗下陣來。可由此，她結下了和時裝模特兒的不解之緣。

這一次，當她看到皮爾・卡登應徵模特兒時，她又報了名，而且這一次她是有備而來。儘管她在眾多應徵的姑娘中並不顯得出眾，可皮爾・卡登還是發現了這塊未經雕琢的璞玉，他相信自己的眼光，也相信自己的能力，他下決心要將這隻「醜小鴨」培養成人人羨慕的世界名模。

名師出高徒。在皮爾・卡登的精心培育下，伊莎貝爾開始在法國時裝舞台上嶄露頭角。

有一次，伊莎貝爾與皮爾・卡登同去參加紐約舉行的時裝展示會時，伊莎貝爾一路上憂心忡忡，默默無語。皮爾・卡登看到後一直鼓勵她，認為她完全是因為參賽前的緊張。可伊莎貝爾搖搖頭，說她根本不會因參加時裝展示會而感到不安，在皮爾・卡登的追問下，伊莎貝爾道出了事情的緣由。

佩特拉與伊莎貝爾是在同一所救濟院長大的，感情非常好，後來伊莎貝爾還介紹她來巴黎。佩特拉來到巴黎後也做模特兒，但目前失業了，而且病倒了。

聽完伊莎貝爾的介紹，皮爾・卡登的又一偉大設想，就在這架飛機上醞釀開了，他立即決定僱用佩特拉。

從紐約回到巴黎，皮爾・卡登見到了這位雖然面帶病容，但仍然風姿綽約充滿青春氣息的佩特拉，這次見面，也成為佩特拉人生命運的一個轉折點。

模特兒的人選方面，與設計師的個人愛好有著很大的關係，設計大師皮爾・卡登就認為時裝模特兒應能夠賦予時裝生命，展現時裝風格。而現在的時裝模特兒以年輕運動型為主，也正因為皮爾・卡登的超前認識，佩特拉和伊莎貝爾才是他的中意人選，他要親手把她們培養成能充分展現自己個性和特色的超級模特兒。

皮爾・卡登特意為她們制訂了嚴格的訓練計劃，除了對儀表和舉止的訓練外，還有內在氣質和素質的培養。他要讓時裝模特兒把他所需要的自然美和青春美全部展現出來。

走上伸展台的幸運兒會大紅大紫，但這種職業的前景是有限的。在模特兒職業學校接受過訓練的人，有兩種選擇：第一種是到時裝公司去做「室內模特兒」，按月領取工資；第二種是由介紹所介紹到時裝公司、雜誌社、時裝攝影社去當「流動模特兒」。

而這種職業的最大缺點是受到年齡的限制。當然時裝式樣的不斷變化，同樣也影響她們職業的穩定。例如，時裝公司原來都喜歡體形豐滿的模特兒，但後來設計出來的時裝「女小夥子」卻是瘦型女子風格。

佩特拉和伊莎貝爾在皮爾・卡登的精心培育下，都已經成為紅透時裝界的超級模特兒，也正是她們賦予了卡登服裝以新的生命，使這個服裝界的大師，在成功的道路上一路揚帆遠航。

早年活躍在他身邊的那些女模們，大都早已功成名就，享受著皮爾．卡登帶給她們的輝煌與財富，她們中有的在影視圈裡展露風姿，有的成了企業家，也有雄心勃勃的女強人們，在政治舞台上開始了自己新的事業。

皮爾．卡登麾下的一位名模，就曾任法國聖保羅市市長，每當這位女市長在公開場合講演時，總不忘提起自己當年的老闆皮爾．卡登。那個時候皮爾．卡登還在時裝這個領地裡奮鬥、拚搏著。

進入制服領域

義大利的羅馬城，可謂是一座歷史文化名城，著名的米蘭時裝節，與東京時裝節、巴黎時裝節稱為世界三大時裝盛會。在這三個國家裡曾湧現出不少傑出的時裝設計師。

但皮爾・卡登能夠在義大利羅馬展示自己的新式服裝，引起萬眾矚目。羅馬城有很多棘手的問題需要解決，不過，有一個問題已徹底解決了：婦女警察隊制服問題。婦女警察隊成立已數十年，人員達六百人之上。這些女警察該穿什麼樣的制服呢？

其實，在最初的時候覺得事情好像還挺簡單。負責城市警務的羅馬市政委員和女警察恩里卡・皮里一起想了一個辦法。女警察恩里卡・皮里曾經經營過時裝，就決定讓皮裡來為女警察設計一套警服。比如說，用海藍的裙服代替長褲和制服上衣，再在胸部打幾個皺褶，用以襯托女子的體形線條。

當時還議定，要請幾位著名的義大利和法國的時裝設計師提出各自設計的服裝原型。如果哪位設計師的設計方案得到肯定，這位設計師肯定會聲譽日隆。對於婦女警察隊來說，可以從此一改舊貌，英姿颯爽，說不定還能贏得羅馬城全體男公民的尊敬。設計方案將由市長親自擇定。

最終，他們的計劃失敗了。不是因為設計方案不過關，而是由於設計方案都非常好，根本無法抉擇。

設計師皮爾・卡登設計了一套筆挺的裙褲加海軍藍束帶上裝，還配了一件用本城官方所定的標準色，即紅葡萄酒色和金黃色相間的針織套衫。這一設計很受女警察們的歡迎，報界也大為讚賞。

吉克西設計得也不錯。芬迪姐妹與卡爾・拉吉費爾德合作，設計了一件非常好看的秋季羊毛大衣，還配有一件風雪披肩，這個設計也非常引人注目。其他的設計師，諸如米蘭市的米拉・舍恩和羅馬市的芳塔娜姐妹，也都提出了引人注目的設計式樣。各種方案琳瑯滿目，一時讓人難以決定。

所有的設計原型是在一九八三年七月初展出的。有關當局也做出許諾，表示要盡快抉擇。然後將所有的設計方案在女警察中進行了民意測驗。

最終在聖誕假期即將開始之時，總算把決定公布於眾了。他們的用意是過節的時候人們的心情好，即使落選者在這時聽到結果也不會太難過，嫉妒心也不會發作。

名列榜首的是皮爾・卡登。但是，吉克西也在優勝之列。吉克西與皮爾・卡登戰成平局，皮爾・卡登提供女警服的基本式樣，吉克西負責皮件部分。設計師們決定讓他們的傑作在羅馬建城紀念日的那天出現在街頭。

設計師都是創新者。歐洲或美國的主要設計師差不多都為輕工業或幹重活的某個行業出過力，搞出一件束腰女外衣，或是彩色法蘭絨運動衫，或是成套的女子工作衣褲。

奧斯卡・倫塔為美國童子軍設計了隊服；霍爾斯頓為布蘭尼夫和阿維斯的僱員設計了工作服；雷夫・勞倫為環球航空公司的機組以及地面勤務人員設計了專門服裝，而三宅一生設計的工作服或制服則遍及日本勞動大軍，從資生堂、可口可樂瓶子工廠和索尼公司的僱員到陸上自衛隊的銅管樂隊隊員。喬治・亞曼尼和賈恩尼・弗塞斯兩位甚至已給義大利陸軍的女兵設計了軍服，儘管義大利議會迄今尚未決定建立這支女兵隊伍。

皮爾・卡登的服裝設計開始向制服設計方面拓展，他又為巴黎市政廳的接待人員設計了制服。

他還替紐約重新改組的考夫曼・阿斯特里亞電影製片公司設計長袍式工作服。這就是布拉斯設計方案，布拉斯使全體經營人員的精神面貌大為改觀。

製片公司的維修工一律穿上斜紋棉質布工裝褲；女經營人員身穿運動夾克衣和連衫裙；男經營人員則穿鐵灰色法蘭絨西褲和藏青色運動夾克，戴一條與衣服顏色相匹配的領帶，領帶上綴一個代表公司名稱的字母「K」。

有人對此評論說：「花不起大錢買衣服的女職工一早醒來很可能因為沒有合適的衣服穿而悶悶不樂。這樣，她們就不用為衣著發愁了。」

一套布拉斯設計的漂亮工作服，能使職工幹起活輕鬆自如，這也許有些誇大其詞。

早在一九四二年，海軍當局別出心裁，他們希望把屬下的女兵打扮得時髦一點，而不是像陸軍的女兵一樣穿上由男式服裝裁縫們製作的又厚又重的軍上衣，看上去全無一點女性的嬌媚色彩，因此曾向時髦女裝設計大師皮爾・卡登求助。

皮爾・卡登以其特有的創新思維，結合海軍的特點，創作了一系列式樣瀟灑又頗有實用價值的服飾，深受海軍女兵的歡迎。而尤其引人注目的是一套裁剪得體、上身較短的深色制服和捲邊的軍帽。

在皮爾・卡登時髦女服商店，為主顧設計縫製各種制服這一項占了全年總營業額的八成。僅一九九四年一年，這家公司為二十五家客戶縫製了六萬五千套制服。

然而，對大多數設計師來說，其所以願意搞制服設計，與其說他們是為了追求高額報酬，倒不如說各界的褒揚與喜愛讓他們頗有成就感。

皮爾・卡登說：「幹這事主要是出於興趣，而不單是為了賺錢。」只有當設計師們既管設計又負責縫製成衣時，才能談得上可獲得大宗經濟收益。

有的設計師承認設計制服可以替設計師帶來「威望和地位」方面的好處，但同時也擔心設計制服會扼殺了設計師自己的獨特創造性。

除了制服的設計之外，一個時裝設計的新領域——教士服飾正方興未艾。讓牧師穿上設計師設計的坎肩，能使信徒們會覺得像個笑話而對此不屑一顧，還是反而能造成提高神職人員的幹勁並擴大神職人員影響的作用？這還有待研究考證。

不過，世界總是不乏夢想者的。參加過上述女子警服設計競賽而最終落選的設計師比亞吉奧蒂就打算替修女設計一件袍子，用寬大鬆散的衣服配上黑白相間的皺褶，讓修女們也具有時代的氣息。

皮爾．卡登為羅馬城的女警們設計的服裝，到現在，她們仍在穿著。不過皮爾．卡登打算為她們再重新設計一套警服，大家都在熱切期盼著皮爾．卡登的新創作。

服裝博覽會獲殊榮

一九九五年法國國際服裝服飾博覽會又在巴黎拉開帷幕。

博覽會的展覽活動歷來是重頭戲，一九九五年更不例外。一九九五年二月一日，組委會展覽負責人於勒在巴黎亞洲大酒店宣布說，設於巴黎國際貿易中心的五百多個展位已告罄。鑒於國內企業報名踴躍，現組委會正設法從國外參展企業預訂的展位中進行調整。

規模不斷擴大，影響面隨之越來越廣的博覽會更是引起國外同行的注目。在此屆博覽會上，加拿大著名時裝品牌「寶姿」率先預訂了三百平方公尺的展位，意在前兩年拓展法國市場的基礎上再發動一次強大的攻勢，力求在進軍法國市場的國際品牌中先搶占有利地位。

在法國市場默默耕耘了五十年的皮爾・卡登此次更是準備以「五十年情結」為主

題再現輝煌，與此同時，皮爾・卡登的所有本國代理一起在博覽會上亮相，與許多國外品牌相比，皮爾・卡登在法國的地位更加鞏固。

除主動要求參展的品牌外，組委會還將出巨資邀請十家義大利著名品牌前來助興。除舉辦專場表演外，組委會的另一番良苦用心是，將「師傅」請到國內同行面前，在對照中發現優勢和缺陷，早日尋找到一條讓更多法國品牌走向世界的坦途，此舉也將成為不同於往屆的一個顯著特點。

第四屆服裝設計師大獎賽與上一屆一樣，當年組委會也收到了來自國內外的一千一百三十份設計稿，還是和上一屆一樣，組委會組織評委篩選出了三十六件作品作為入圍作品：十六份來自國內，二十份來自國外。而這諸多的一樣將是博覽會的另一個重頭戲。

諸多的一樣背後也隱藏著很多的不一樣，例如這一年的大賽將有來自美國、加拿大、新加坡和義大利等國的四所時裝學院的院長前來觀摩或擔任評委。澳大利亞派一個攝製組，專門前來法國拍攝大賽的情況。自視甚高的美國人也認為這屆大賽已具備了很高水準。

一年兩次的流行趨勢發布會可謂是博覽會中資格最老的活動。早在一九八六年，它就成為了國家級科學研究成果。經過法國服裝設計研究中心的不懈努力，它已舉辦了十九屆。

一九九五年博覽會期間舉行的「94—95秋冬流行趨勢發布會」，儘管效果也許還不盡如人意，但法國服裝研究設計中心上下的不懈努力卻有目共睹。博覽會期間的發布會將又有重大改革：邀請設計師和企業加盟，將以往簡單的演示變為更實在而具體的引導。

這一年的流行趨勢發布會簡單地說包括兩個步驟。

一是，在全國範圍內選拔出十名資格設計師。這十名設計師必須有較強的運作企業的經驗，有很好的理解流行趨勢的能力，同時又應該具備相當的實用裝的設計實力，並且最好是有企業作為依託。

二是，邀請一批具有相當實力的面料企業參與，參考流行趨勢開發面料。十名資格設計師將在流行面料的基礎上設計出流行趨勢的演示作品，讓一些面料企業和服裝企業充當流行先鋒。

法國服裝界尤其是時裝界意識到了流行意識的薄弱就是法國服裝市場落後於國外發達服裝市場的致命環節，不解決好這一個環節，法國服裝的品牌策略和高附加值策略將無從談起。流行趨勢發布會如此改革，也正是為盡快樹立國內服裝企業和廣大消費者的流行意識。

雖然設計師和企業直接加盟的流行趨勢發布會有些不合乎國際慣例，但對目前的法國服裝市場來說，卻是一條最實用的捷徑。皮爾・卡登的成功給了法國企業家們一個啟示，並樹立了一個榜樣。

可評獎又可獲獎的場合和機會在目前的法國市場上儘管很多，但很多企業仍十分看重法國國際服裝服飾博覽會的四十個金獎、四十個銀獎和二十個商標獎，這不僅因為它是國家級獎項，更因為它還是一種公正和權威的象徵。

一九九五年二月一日，巴黎亞洲大酒店的博覽會評獎組負責人對記者說，評獎組的評委要過三關。

一是財務關。評委不能受那些不惜巨資贊助組委會要一舉成「名」的企業的干擾。因此評審是採取封閉式的，國內和國外的評委各占一半，誰也無法左右。二是水準關。入選的評委都是各自領域的行家，有搞設計的，有搞銷售的，有搞教學的，各方面都有，力求全面。三是道德關。要做到公平和公正。

評獎組對參評商標資格也有嚴格的規定。未註冊或註冊不到一年的，銷售資料不夠的，商標本身的設計不過關的，得到公眾認可程度不夠的，都不能參加評選。

儘管有如此之多的條條款款，博覽會的各項獎項的競爭還是激烈異常，每一個獎項都是名牌雲集。一些連年獲獎的品牌在謀求蟬聯，新興品牌更為躋身名牌行列大顯身手。

一切都在變，不變的是博覽會組委會上上下下那一份份急切盼望法國服裝全部打入世界的愛心。

皮爾．卡登在這次博覽會上仍不負眾望，又一次證實了自己是國際大師的實力，捧回了很多金牌，為自己事業的里程碑又添了光輝的一筆。

在法國服裝界和皮爾．卡登公司的共同努力下，法國舉辦了「巴黎皮爾．卡登博覽會」，博覽會正逐漸成為顯示歐洲時裝面料演變的最佳窗口。無論是展廳的形式，還是展示的內容。

經歐洲經濟共同體紡織工業委員會批准，經西歐各國時裝協會的通力合作，皮爾・卡登博覽會擬辦成西歐衣料流行趨向的聯展中心。因此，歐洲紡織服裝業權威組織，包括對世界流行織物的開發影響甚廣的廠商們，各有千秋的設計派別和世界知名度挺高的服裝設計界名流們，與時代新潮吻合的創新格調薈萃於此，從而形象地展現了歐洲這方面新的風尚。

在博覽會的推動下，一些受歡迎的時裝款式被設計出來，比如休閒輕便裝、青春裝。在一定程度上表現了實用性與歡悅感相結合的現代服裝風采，過去那些重性感的女裝大為減少，在裁剪手法上也有很多進步。

透過這些盛會，皮爾・卡登從中體悟了一些深刻的東西，這對於他的事業來說，又造成了極大的推動作用，同樣也為後一代服裝設計師提供了很多有益的機會。

「君王」的氣派

皮爾・卡登在服裝領域獲得了極大成功，但他並不滿足，以他的非凡才華和執著精神，他又邁進其他領域。成為一位偉大的藝術家或一位超級大富翁對一般人來說都絕非輕易的事，他要付出百倍的辛苦、汗水甚至淚水。

要想「熊掌和魚」兩者兼得，則更是難上加難了，然而皮爾・卡登卻都得到了。

皮爾・卡登的經營很早就拓展服裝以外的領域。

從一九六八年起，皮爾・卡登就開始為米蘭市和威尼斯城設計玻璃製品，而後又為收錄機、咖啡壺、鬧鐘、玩具等做造型設計，他還從事巧克力、衛生紙、地毯及塗料的製造業。他所涉足的領域是無人可比的，而他在每一個領域中都取得了驚人的成績。

一九七六年後，皮爾・卡登又開始設計家具和室內裝飾品，並且在巴黎的聖奧諾雷市郊路上開設了皮爾・卡登的專營商店，皮爾・卡登的各類創作設計在此陳列，大至櫃、桌、沙發，小至檯燈、鋼筆、餐具，造型新穎，構思精巧，使置身其間的人彷彿進入了現代派工藝品博物館。

他曾為美國大西洋飛機公司設計私人小型飛機，飛機的造型及艙內裝潢頗為別緻，機身飾以黑、白、紅三色條紋，宛如色彩斑斕的蜻蜓在空中飛翔。他曾為美國「卡迪拉克」牌豪華轎車設計造型；又為瑞士汽車設計外殼造型。他設計的汽車呈流線型，表盤、方向盤的設計都很別緻，令人耳目一新。

他所設計的服飾用品、化妝品及日用工業品，更是舉不勝舉。比如他的香水「第十六系列」和「阿馬迪」都成為一九六〇年代歐洲市場上的搶手貨。皮爾・卡登設計的捲邊平頂帽和蓬鬆便帽成為旅法遊客的最愛。

經過幾年的不懈努力和不斷創新，皮爾・卡登終於建立起了屬於自己的「卡登王國」，而且規模越來越大。

皮爾．卡登除了設計時裝之外，還設計珠寶、首飾、化妝品、眼鏡、床單、皮革製品、假髮、手錶、打火機、挎包、鞋、帽等，卡登帝國可謂是五花八門，無所不有。

他自己曾自豪地說過這樣的話：

用卡登作為牌子的產品可以滿足我的一切需要。我可以睡卡登的床，坐卡登的軟椅，在我設計的餐廳裡用餐，用我的燈照明，甚至去劇場看戲，到展覽會參觀，都可以不出我的「王國」。

美國巨商圖林說過，自從他「把皮爾．卡登的名字打在自己的兩百五十種產品上後，銷售額增加了兩千萬美元」。他又說：「如果我的皮帶上不打上皮爾．卡登的縮寫『PC』這一標記，人們就不買了。」

這足以證明了，皮爾．卡登在世界服裝市場上的影響已令其他同行們難以望其項背。從某種程度上說，皮爾．卡登的服裝沒有皮爾．卡登的名字值錢，因為人們從皮爾・卡登這個名字裡讀出了未來。

皮爾・卡登在商標授權上似乎從不計較是什麼類的產品，日本人騎著PC牌腳踏車，德國商店出售PC牌窗簾桿，瑞士有PC牌香菸，韓國盛行PC牌化妝品，中國有PC牌的兒童玩具及床上用品，越南胡志明市的大街上出現了PC牌的紅色高跟鞋。甚至允許臺灣用他的名字生產廉價的旅行包和鑰匙鏈，而他對此全不在意，還說：「我賺了很多錢，真的是很多錢，從那些旅行包上。」

全球以卡登品牌生產的商品，年利潤超過十二億美元。他提供自己的「卡登」品牌，每年也得淨收入幾千萬美元。

他在自己的王國中是總經理又是會計師，因為卡登王國的資金真正有多少，只有他一個人知道。他不僅得到許多政界要人、文化名人一樣的聲譽，還有數以萬計的資產。

這位自由的大師，不僅是當代運動距離最長的藝術家，也是整個時裝界最有力的商標，他用自己的名字，其實就是「PC」兩個字母，加上獨特的授權方式和一種驚人的奮鬥進取精神，掀起了二十世紀一場大規模的商業革命。

皮爾・卡登領導了這場商業革命，也是這場商業革命中的最大受益者。

假如把整個坎城比作一部電影的話，那麼，皮爾・卡登就是這部電影中的當之無愧的主角。他所擁有的聲名與榮耀是德帕迪約、尤・蒙頓、貝爾蒙多之類的電影巨星所無可比擬的。

皮爾・卡登一向注重務實，但他除了在服裝界的建樹外，還投資房地產等進入多元化發展，藉以鞏固「卡登帝國」的根基。

知名品牌與多元化似乎是一對孿生姐妹，名牌是一種無形的巨額資產，在商場上，很少會有人愚笨到面對馳名品牌無動於衷，不知道利用名牌效應走多元化之路的。

一九八一年，皮爾・卡登又有了新的驚人之舉，他買下了靠近巴黎協和廣場、皇家路上的著名高級餐廳「馬克西姆」餐廳。

「馬克西姆」這個名稱，是巴黎市無價金字招牌。皮爾・卡登之所以把這塊金字招牌的專利權購買過來，並不是看中了它的地位輝煌，而把這一法國烹調界的一個標牌買來「敬養」，而是加以利用，利用它來招財進寶，把它變為一件能夠產生高額利潤的工具。

一九八一年十一月二十七日，路透社從美國加利福尼亞聖芭芭拉發出一條消息說，在美國全國共開設了一千一百一十四家速食店的三寶餐廳實業集團公司，已在該日回稟法庭，宣告它自願破產。

而在一九八一年十一月初，這家公司在美國四十六個州開設的一千多家速食店中，已有四百四十七家關了門，它們大部分座落在美國西海岸的城市中。美國在一九八〇年和一九八一年連續兩年發生經濟衰退，但在商業銀行利率長期保持在高水準上，中小企業倒閉之風越吹越猛烈。「三寶」餐廳實業集團公司自動宣布破產，是這場經濟衰退的受害者之一。

與此番景象相反的是，在大西洋彼岸，皮爾．卡登在巴黎經營的「馬克西姆」卻生意興隆，異常紅火。

在這方面，皮爾．卡登何以如此游刃有餘呢？他的生財之道在於有一套面向大眾化的經營思維。在購買「馬克西姆」之後，他首先把巴黎的「馬克西姆」餐廳，從只對少數人開放的俱樂部式的高級餐廳，改為大眾化的、人人都樂意光顧的速食店。

他認為，如果「馬克西姆」餐廳那種傳統的只做少數人生意的作風不改，能夠生存下去的機會很少，但是如果改變作風，走大眾化的市場，業務就大有發展前途，就可以恢復「馬克西姆」的金光閃閃的金字招牌形象。

在巴黎，他就這樣做了。結果，在近年法國經濟衰退，失業人數有增無減的情況下，巴黎「馬克西姆」速食店的生意保持了紅火，而其他一些繼續走老路，只對少數人開放的貴族化的餐廳，每天只在晚餐時間較為熱鬧，早餐和午餐時刻都生意冷清，門可羅雀。

一旦皮爾・卡登的計劃能夠實現，「馬克西姆」熟食店就會在全世界更多的城市出現。目前，新加坡和比利時首都布魯塞爾相繼加盟，此後，依照皮爾・卡登的計劃，新的「馬克西姆」餐廳也已於一九八三年在美國紐約和洛杉磯出現，芝加哥的「馬克西姆」餐廳也已恢復了營業。

巴黎的皇家大道上，有一家「馬克西姆」鮮花店，該店所售的白蘭花每枝四十美元。這家鮮花店，以及這家鮮花店所在的整座樓宇，其業主都是皮爾・卡登。

在皮爾・卡登的精心策劃下，巴黎除了有「馬克西姆」速食店之外，還有「馬克西姆」鮮花店。

皮爾・卡登擁有永不枯竭的創造力、高瞻遠矚的鑑別力和一直要當「第一」的意志及無畏的冒險精神，這一切都為他的成功奠定了堅實的基礎。他與別人談話時，言辭中常出現野心、意志力這類充滿尼采意味的字眼。

皮爾・卡登說：「我要我的企業能無國界、無人種區別地盡量能觸及更多的人。我最大的夢想是能在月球上開一家皮爾・卡登分店，而且親自到那裡去主持開幕典禮！」創造、征服是他唯一的樂趣，也是他旺盛生命力的祕訣。

這就是皮爾・卡登，這就是「卡登帝國」的君王的氣派！

與眾不同的成功者

也許你不會想到「卡登帝國」這樣一個實力雄厚跨國界、跨洲界的龐大的國際企業組織，卻至今使用著最原始的經營手法。

整個卡登公司的營業數字，全由他的一位女祕書及一位會計每天整整齊齊地書寫在三十冊小學生用的筆記本中，這恐怕是出乎現代人意料的。現代化的電腦固然也應用在他的企業管理中，三十冊記事本也同時使用，皮爾．卡登一直堅持這樣做。

「這是最有效的，也是最迅速地對業務狀況全部一目瞭然的方法。」他說。

同時他也承認，這是第二次世界大戰期間，他在維希市紅十字會做會計師時養成的習慣。

皮爾．卡登是一位偉大的藝術家，也是一位了不起的經營者。他的經營雖不是專制的，但他並不相信任何人。皮爾．卡登開誠布公地說：「我不需要什麼董事、經紀人、合夥人。經營方面兩次受過騙後，我不再對任何人有信心。我就是我企業百分之百的主人，我不欠任何人一分債。」

皮爾．卡登每天必須簽出三百張支票，因為卡登公司的日常開銷，如收入、員工薪水等，皮爾・卡登都要親自過目。其中每個月為僱員發薪水便得簽上相當於兩百萬美元的一千萬法郎。

身為一個龐大「王國」的總裁，而又事必躬親，如此原始的經營手法被眾多歐洲的企業家戲稱為「窮人的經營方式」。美國的經濟記者理查・默雷斯曾批評皮爾・卡登的企業「是世界上最混亂、也是職業性缺乏到令人震驚的程度而卻擁有百億美金營業額的企業組織」。

卡登公司的員工可能多少會覺得皮爾・卡登有些獨裁。三十年來，皮爾・卡登從來不召開任何業務討論會、分析會、名目繁多的交流會。如果有人反對，他會理直氣壯地告訴他：「卡登企業是我一手締造的，理所當然是由我決定一切，我對我全球的企業瞭如指掌，就像母親對自己的孩子一般清楚。」

在如此龐大的「帝國」裡，應酬活動的頻繁程度是可想而知的。皮爾・卡登經常忙得三個業務午餐集中在同一天同一地點「卡登空間」的餐廳裡進行：第一道前菜；

第二道正餐；第三道點心與咖啡分別與三批各不相同的商業人士共餐。

然而，儘管名揚四海，衣裝天下，但皮爾・卡登一直過著十分儉樸的生活，不沾菸酒，奉行素食主義，儘管他有一座豪華的別墅，卻很少有空在那兒度一個週末，享受一下財富帶來的樂趣。

皮爾・卡登從不粉飾門面，也不喜歡別人把自己當公眾人物，到處上電視接受採訪。他沒有世界各國富豪們擺排場用的英國的「勞斯萊斯」名車，連頭髮都是在家自己理。

「王國」總部辦公室，設備簡陋，看起來與皮爾・卡登強盛的知名度極不相稱，與這個時代也甚至相隔了幾十年。樓是舊的，門是舊的，過道走廊是舊的，員工用具也多為舊的，只有無數張設計草圖是新的。

皮爾・卡登自然不缺錢。這就是皮爾・卡登的風格，這種風格不是刻意的追求，而是一種自然而然的流露。他常常不無自豪地說：「我沒有必要擺排場，我本身就是個大排場。」

皮爾・卡登一貫主張盡量節省不必要的開支，而他在社會公益慈善事業方面，卻從不吝嗇。他是個熱心公益的人，他曾經自己出資建立「空間畫廊」，專門介紹世界各地具有創新精神的中青年畫家作品。已有世界各地四百個不同劇種的戲團，在「卡登空間」進行過演出。

他還曾義無反顧地救援愛滋病患者、援助蘇聯原子能反應堆爆炸的城市車諾比等。可以說，皮爾・卡登除了是個藝術家、經營家之外，還是一位偉大的慈善家。

皮爾・卡登極端地以自我為中心，往往語出驚人。他說話簡潔明了有力，富有邏輯性，他崇尚實踐，崇尚腳踏實地，從現在做起。

他是平易近人的，從不擺架子，任何與他接觸過的人都會有這種感受。可是又過分自尊自信，過分突出自己。物極必反。正因為過分，有時竟固執到不情願正視現實。如對待多元化企業的問題，本來多元化企業，在江戶時代的日本便已開始，戰前各國也已存在。但當有人問他關於多元化企業的構思是否取於日本時，他武斷地回答：「絕對不是，只可能是我教授給日本人，不可能是他們教授於我。」

皮爾・卡登為人率直，所以他不諱言自己的孤獨感，不過他有著自己的說法：「我喜歡孤獨，孤獨是我創作靈感的源泉。」又有人問他，作為一個企業家，總有受挫折時的困惑，你是如何渡過難關，又如何尋找心理上的平衡的呢？

皮爾・卡登以一貫自信的口氣說：

我業務上若遇到困難，才沒有人理會我呢！甚至令他們感到厭煩。我在我自己身上尋找平衡，或在工作上，或去看戲劇、去餐廳做娛樂消遣。當然，身為龐大企業領導者，責任十分重大，但這也是我的樂趣所在。

皮爾・卡登口才極好，與眾人在一起，他能滔滔不絕地一路講下去，然而，他又好思考、沉默。有時走路，也會完全陷入沉思毫不顧及周圍的一切。坐在飛機上，也喜歡耷拉著一雙厚眼皮，也許他正在思考「帝國」明天的走向。

一九九二年，有位美國記者問他企業成功的祕訣，他特別強調創業時資金的重要作用，並自豪地告訴記者：「到目前為止，我現有的經濟能力已足夠讓我自由發展，不需向任何銀行借錢，看銀行臉色，我自己就是銀行。」

多年來，卡登企業沒進行過有關企業預算或開業務計劃會議。這曾一度遭到媒體記者的批評和同行的譏笑。但是，衡量一個企業的優劣，主要還是看效益。

如果每件事都因循守舊，走別人走過的老路，皮爾・卡登絕不會從一個兩手空空的鄉下青年，拳打腳踢幾個回合，僅僅五年的時間便擠進了高檔服裝設計師的行列。正是他的不同凡響的才華、獨特的思維與大膽的創新之道，才能使他迅速發展，令世人感到驚訝。

工作上的皮爾・卡登是一位作風嚴謹、精益求精的人。即使在自己成名後，他也十分珍惜和維護「皮爾・卡登」這一享譽世界的品牌。

在一次世界性的服裝展示會上，皮爾・卡登在助手們的帶領下來到自己的展台前，他仔細地看了展台的布置，並在展台前與工作人員一一合影留念，然後一聲不響地走了。

沒想到，半小時後一位設計師帶著兩套女時裝與兩名模特兒又來到了展會。設計師告訴展廳的工作人員，說卡登先生對布置不滿意，沒有體現出皮爾・卡登的風格和藝術特色，必須進行重新調整。

卡登帝國的形成，自然有諸多因素，而這與他工作起來不顧自我的瘋狂勁頭是密不可分的。他沒法度假，沒法休息，他走到世界上任何一個地方，日程都是排得針插不進，他的安排裡沒有空餘時間，卡登說過：「我這一生別無其他，只有工作，永遠不停地工作。」

他認為自己個性中的「當機立斷、迅速決定」也是成功的一項本錢。他說：「我不喜歡浪費時間」。卡登做事總是快節拍、快速度，從不拖泥帶水、優柔寡斷，但又決非草率從事。深思熟慮與當機立斷是他經營上的主要風格。

儉樸的卡登之家

巴黎，是享譽全球的浪漫之都。

三月的巴黎，氣候濕潤而溫和，穿一身單衣隨意而行，也未覺得絲毫寒意。而皮爾・卡登設計的服裝也正如這春天，與美麗如影隨形。

此時的巴黎到處都有皮爾・卡登藝術的閃光和他富有傳奇色彩的影子。美麗的塞納河灌溉滋潤著這塊美麗的土地，造就出了像皮爾・卡登一樣的一位又一位超級服裝大師。

世界上有四大服裝中心，巴黎理所當然排在首位，因此，巴黎成為那些追求時尚的人們心中的聖地。這裡代表著時裝的走向，領導著世界的潮流，左右著世界的時裝市場。

走上巴黎街頭，去傾聽巴黎的鐘聲，觀賞巴黎的風情的同時，人們又多了一個去處，那就是皮爾・卡登時裝專營店。

如果有一天你漫步巴黎街頭，當走到聖奧諾雷市郊路將至盡頭的時候，前方十字路口左側，將會出現一座兩面臨街的暗綠色的二層小樓，正對十字街口的拐角處的牆上，映入你眼簾的將是英文書寫的白色大字：皮爾・卡登。

商店的位置得天獨厚，處在十字路口，與總統府愛麗舍宮只有一街之隔，因此，進總統府辦事的人們，不論有意無意，都能看見幾十公尺外綠色的樓房和牆壁上的皮爾・卡登標誌。

皮爾・卡登時裝專營店已遍及世界各地，而聖奧諾雷市郊路的這家店外表看來也並無不尋常之處，但因其近水樓台的有利地勢，這裡就成為卡登藝術走向世界的橋頭堡，占領市場的第一站。

推門而入，店內靜穆而溫馨，掛出的服裝不過二十套，相隔不下幾公尺，三四位十分體面的服務員很禮貌地招呼著來往的客人。顧客到此用心地品味揣摩，往往不像是衣物的買主，而是在高雅聖潔的藝術殿堂裡欣賞一件件藝術品。

其實，這間店的主要作用不是銷售，更重要的是展示。卡登先生只要有新作問世，總要先在這裡擺出，工廠也同時組織生產，然後走向世界。

如果你是來參觀的，不要以為在此止步你就讀到卡登「服裝真經」了，你應該接著走下去，來到聖奧諾雷市郊路八十二號，你才走到了名揚世界的卡登帝國的首府，皮爾・卡登服裝藝術的發源地。

就位置而言，整個法蘭西，恐怕再也找不到第二家這樣顯赫的門牌了。二十多公尺之外的馬路斜對面，是法國的總統府，由於街道不寬，無汽車行駛，門旁有兩座崗亭，四位衛士分守兩邊，莊重威嚴，完全是古代將士裝束，銀盔亮甲，足蹬長靴。將士們每人頭頂插著一支半公尺多高的紅纓，在微風中飄拂著，不由得使人肅然起敬，聯想到法蘭西將士的古韻與威風。

卡登總部是一座舊式建築，兩扇老式的大木門上留有一小門，只能單人進出。卡登只要在巴黎，就會每日四次進出這座木門。

當你把視線從總統府大門移向卡登帝國的木門，你一定會大吃一驚。一個全球性的卡登王國，並沒有把門面裝修得富麗堂皇，而仍然是兩扇舊木門，這與皮爾・卡登精湛輝煌的時裝藝術構成了極大的反差。

這也證明，當藝術與事業已達到登峰造極之境，當它的知名度已到了人們耳熟能詳的地步，是完全不需要豪華的外包裝來招徠人的。

印。

這座陳舊的樓房，就是卡登帝國興起的最直接見證者，它記錄著帝國的每一步腳

一九四〇年代，皮爾．卡登還是個一文不名、空有滿腔才華的熱血青年，他從這裡起步，從一個闖世界的愣小子到一位兩鬢灰白的成功老者，時間過了足足半個世紀，卡登先生建立了氣勢恢宏的卡登王國，而此地依然是他最鍾愛的地方。

皮爾．卡登可以建造一座世界最先進的現代化摩天大廈，享受人類創造出來的最舒適的生活，但是，他沒有那樣做，仍舊日日進出這座舊樓，因為這裡已灌注了他的情感，這裡有他年輕時的夢想。在這裡，他一如既往地用他超群的思維美化著人們的生活，構思著王國更大的藍圖。

在卡登王國的總部不遠處，座落著一座兩層舊樓，這就是皮爾．卡登的家。他的家看來同樣儉樸甚至寒酸，樓不高，一個舊而小的門，關得緊緊的。風風雨雨幾十載，皮爾．卡登每日都要從這道小門裡進出步行上下班，每次都是十多分鐘。

多少年來，姐弟兩人分住上下兩層，每日早晚兩次見面，同平常人一樣，他們的家庭生活儉樸而平凡。

白天，皮爾・卡登的姐姐一人在家；夜晚，姐弟兩人彼此用故鄉威尼斯的方言交談。「童年」是兩姐弟談話的共同的永恆的主題。當「童年」從遙遠的過去乘著回憶的列車緩緩駛來，駛向這幢高樓的主人時，過去的日子帶給兩姐弟的幸福是旁人所難以分享的。大多數的節假日，皮爾・卡登都是在這幢舊樓裡陪姐姐共同度過的。

在皮爾・卡登家不遠處的總統府四周，座落著一座連著一座，氣勢恢宏、直衝雲霄的高大建築群。這些建築群，以它們的赫赫名氣，給總統府平添了幾分光彩。

皮爾・卡登把自己畢生事業的根基立在了總統府愛舍麗宮的高牆外，對總統府形成了三面包圍。「勢力範圍」從東北角的現代超級商場開始，直至西南隅的一方重鎮，只有西北角才是空當。就此一點，世界上絕無第二例。

皮爾・卡登雖然功成名就，卻一直過著相當簡樸的生活。很多人會覺得不可思議，但這就是皮爾・卡登，這就是他所選擇的生活方式。平淡中自有真意，平淡中也蘊含著卡登先生豐富的內心世界。

至今未娶，一直過著與自己的姐姐相濡以沫的生活。憑其實力，每日可僱用一些人為他服務，但他沒有那麼做。當年皮爾・卡登每日回到家中，還要幫著老姐姐做家務。

皮爾・卡登的助理，是日籍高田美女士，與他密切配合四十年。儘管她看上去老態龍鍾，但皮爾・卡登每次出面應酬，她總是伴其左右。

皮爾・卡登有一種典型的懷舊情結，不光體現在那個木門上，他有一輛曾經開了二十年的標緻車被人偷走了，他時常對別人說起那輛車，總覺得現在手裡的一輛寶馬車遠不如以前的那輛老車。

皮爾・卡登還擁有偉大的博愛胸襟和情懷。皮爾・卡登曾把一對法國夫婦的五胞胎收為義子義女，負擔其全部費用。如今五個小傢伙長得十分逗人喜歡。

皮爾・卡登外出，常常有三個人陪同，一矮二高，二女一男，外形上看來倒頗有幾分滑稽。

第一位是總裁的助理，即上面提到的日籍高田美女士。她的身高不足一百四十五公分，和皮爾・卡登的年齡差不多，是皮爾・卡登最貼身的共事人，大小活動她都參加。

第二位是高檔服裝部經理瑪麗絲女士，一百八十公分左右，鼻梁上架著一副黑邊大眼鏡，更顯風度翩翩。瑪麗絲，以前曾為皮爾・卡登做過多年時裝模特兒，然而，歲月不饒人，雖然風韻猶存，但若還要在伸展台上叱吒風雲，未免顯得老邁了些。所以，從舞台上退出來的瑪麗絲進皮爾・卡登總公司擔任了要職。

再一位就是身高一百八十五公分以上的聖・布里斯先生，一副白色眼鏡，比皮爾・卡登小了二十多歲，但頭髮已白了大半，也許是操勞過度吧。他管轄的商標代理部，在皮爾・卡登的公司裡舉足輕重，幾百項合約都要經他的手，他的名字簽下去，就關係到幾百萬法郎的收入。

聖・布里斯是卡登公司的老手，他一口氣幹了二十年，沒有挪過窩。

在法國總統府斜對面的那座舊樓裡，聖・布里斯與皮爾・卡登進進出出，從一位普通員工，熬成如此一位人物，的確也很不容易。因為他從未學過服裝，也不懂經營，他的專業是歷史與哲學。事實上，他骨子裡最感興趣的仍然是哲學與社會學。

雖然他們性格各異，但他們相處得像一家人一樣，始終為卡登王國默默地奉獻著。

卡登品牌之道

你在挑選服裝時，千萬別只注意其局部與細節。須知時裝是脫離不了形象的，它首先反映人的類型，還反映時代的精神。

——皮爾．卡登

對美與藝術的痴戀

皮爾．卡登品牌之所以能像鑽石一樣永放光芒，是因為卡登先生對美與藝術的痴戀。

應該說一九六〇年代，皮爾．卡登的服裝能夠領導世界服裝潮流，就在於它的表現富於流線感，對時代具有挑戰性。

每年，他總要舉行幾場男女時裝展示表演。他分別在巴黎、東京、倫敦、紐約等地舉行皮爾・卡登服裝設計五十年回顧展，在更大範圍內宣傳了自己。

「卡登的空間藝術殿堂」的建造可說是皮爾・卡登的一個驚人之舉，人們稱它為「卡登藝術中心」。它是皮爾・卡登一九七〇年投巨資將一座花園樓房改造而成的。

這座空間藝術殿堂位於巴黎中心區、協和廣場和總統府之間的加勃里埃爾街的純白色別墅裡，上下三層，分別設有劇場、畫廊、電影院、會議廳、表演廳和餐廳等設施，可以演出戲劇，舉辦畫展，可供文藝界朋友聚會。對此，皮爾・卡登不無自豪地說，「卡登藝術中心」是個「智慧之地」，實現了他多年的夢想。

在這段時間裡，皮爾・卡登開始了他的回顧展，他常和愛徒們對時裝的變遷和服裝的流行與過時等問題進行磋商：「各種時裝的款式都是短時即逝的，不過消逝後總會留下一個清晰的輪廓，令人回憶。」

皮爾・卡登說：「當你想起路易十五王朝，那麼襯有裙環的籃筐式洋裝的形象就會浮現在眼前。一九〇〇年前後，婦女洋裝的後面有個鼓起的腰墊。一九二五年，姑娘們的洋裝較短，形狀像個筒。一九四〇時，婦女長長的上衣遮得裙子只露出幾公分。一九六〇年以後則是超短裙風行。」

稍停片刻，皮爾・卡登繼續說：「上面所選的這些例子表明在服飾的發展過程中存在著幾股大的潮流；季節的不同會引起服飾上許多細小的變化，這只是時裝大潮流中的變種。」

也許這讓人很難相信，一位沒有受過多少正規教育，全憑自己探索的人，竟然對服裝有如此深的研究、如此精湛的藝術觀點。這些與皮爾・卡登多年的自學苦修和實踐經驗有關。

他系統地研究了一七八七年至一九三六年他所能收集到的時裝圖片上的服裝尺寸，並總結出在服飾的演變過程中存在著比較有規則的節奏，一個節奏在時間上可以持續一個世紀以上，每個節奏都有一個相應的服飾輪廓。衣服的寬度和長度是變化的決定因素。這些都對他設計的服裝造成了深遠的作用。

他還借用美國人文學家克洛勃的話講出了服裝的變遷：洋裝大約在一七四九年和一八一〇年的時候最寬鬆，在一八一五年和一九二六年的時候是緊窄。服飾上的這些大的變化，與歷史的重要分期是大體上吻合的。

吸引眾弟子的絕不止是皮爾・卡登這位大師手藝的精湛，讓他們佩服得五體投地的是這位大師的藝術涵養和造詣。對當代時裝變化的趨勢究竟如何，皮爾・卡登十分謙遜地說：「現在要了解清楚還為時過早。」

他接著說：「不過，只要翻閱幾本雜誌，也可以畫出幾種典型的輪廓，這幾種輪廓在服飾的發展中將起里程碑的作用。一九四七年法國迪奧時裝公司設計的『婦女之花』緊窄的上身，纖細的柳腰，突出在花冠形的長裙之上。」

「古雷奇時裝公司給一九六〇年代的女運動員們設計了結構嚴謹的短窄洋裝，這種衣服讓腿大部分裸露。以上這些服飾都體現著復古思想，但又都以自己特有的方式表現出變革精神，若沒有這種變革精神，就根本不會有時裝。」

「設計師克洛勃的論點是：近三十多年來，服飾總是每隔一定的時期在長式樣和短式樣之間擺動，定名為『新面貌』的長洋裝和超短裙可以是兩個極端。」

對皮爾・卡登而言，給弟子們談服裝的過去和將來，不僅僅是一次經驗的傳授，也是自己對服裝的一次更新認識，正是這一次次的近似於休息的談話，使皮爾・卡登醞釀設計出一套又一套驚人的服裝。這正說明了教學相長的道理。

皮爾・卡登說：「服飾的變動是和社會環境密切相關的。脫離一定的社會條件，就不會有服飾的變動。比如離群索居的魯賓遜，根本就不會有什麼服飾。很多世紀，服飾都是與權力結合在一起的。路易十四、拿破崙一世，都對服飾起過裁判人的作用。在查理王朝時期，西班牙的服飾在歐洲占統治地位。文藝復興時期，義大利的服飾在歐洲到處流行。」

談起服裝，皮爾・卡登表現出了他少有的博學，他滔滔不絕地講：「在本世紀初，上流社會仍緬懷王家的豪華氣派，還是以富麗為漂亮。在第一次世界大戰以前，時裝店竭力表現婀娜多姿的婦女形象，這種婦女頭插搖曳的羽毛，戴著珠光寶氣的首飾，身穿鑲有輕紗花邊的衣裙。高級時裝商店只為那些富豪階層服務。然而，戰爭打碎了這個封閉的圈子。婦女們紛紛走出了沙龍，與活躍的生活發生接觸。戰後，花邊、衣裙上的荷葉邊等裝飾都過時了。」

看了看弟子們的反應，皮爾・卡登繼續說：「服飾也與一定的社會生活方式有聯繫。今天，禮服已經不再是衣帽間裡的主要服裝了。大家穿樸素、舒適的服裝接待賓客，輕鬆舒坦的風格趨於流行，出現了『家庭服裝』的浪潮。青年人在穿著方面注意的並不是雅緻大方，而是要避免節日盛裝的味道，喜歡穿舊衣服，於是出現了假褪色的藍色工裝褲，假褪色的短袖圓領衫，甚至上面還有假補丁。」

「這是一個幽默的時代，詼諧的時代。惹人笑話算得了什麼，這倒是另外一種刺激呢！大家都不嫌醜。沒有真的毛皮，就裹起黃色或紅色的人造毛皮來。戴帽子總要挑選有噱頭的。」

「借鑑於民間傳說的粗獷的服飾，是一九六〇年代末以來青年們的特徵。後來，出現了所謂『反時髦』，又使得大馬路上的服裝設計出一種新的服飾來。其實，對新奇的追求只不過流行於一九七三年以後，服裝似乎又回覆到了較樸素的式樣。寬肩幅，緊腰身，舒適而寬鬆，就是這時流行的運動服飾的特徵。」

皮爾・卡登繼續說：「既然服飾是現實生活的反映，它必然與政治密切相關。比如嬉皮士用雜七雜八的偽服飾表示出他們的政治思想觀點。他們特意地表現隨便和自由放任，穿的衣服好像是一段破布、一塊桌布或一條破被。這一切是為一個新的表現方式服務，他們把這種服飾作為對資本主義的秩序提出控訴的標誌。」

皮爾・卡登在巴黎、東京、倫敦、紐約等地舉行的卡登服裝設計回顧展吸引了越來越多渴望了解皮爾．卡登的內心世界的人，他們對皮爾．卡登的服裝文化產生了濃厚的興趣。在東京的一次演講中，有人問皮爾．卡登：「請問卡登先生，現在流行什麼服裝？」

皮爾．卡登覺得這個問題非常有意思，他風趣地說：「你在挑選服裝時，千萬別只注意其局部與細節。須知時裝是脫離不了形象的，它首先反映人的類型，還反映時代的精神。」

「所以在挑選服裝時，要考慮透過服裝來反映你屬哪種類型的人，然後再來挑選合適的服裝，並且要注意你所處時代的要求。目前，人們普遍喜歡運動員類型的人，反映出人們對青春的追求。中年人穿上運動服，顯得精力旺盛、年輕體壯。顯而易見，喜歡穿運動服飾的人最多。另外是由於運動衫既經濟實惠，又暖和輕盈，不受季節氣候的限制。如再穿上平跟運動鞋還使人感到步伐矯健。這些都增添了生命的活力。」

皮爾．卡登詳盡地解釋道：

「當一種流行時裝的款式剛剛問世時，並不一定真有什麼新穎之處，卻往往會使人聯想起前幾年或幾十年前流行過的服裝。事實說明，現代城市流行服裝式樣的風格常常是反時髦的。『反時髦』是指一些以往曾風行一時的款式，現在又繼續流行起來。」

「有一些服裝雖然擠不進時尚圈，但由於其式樣大方，不落俗套，材料經濟，因而數十年流行不衰。例如有一種被稱為『沙涅爾』的女式西裝，用斜紋布製作的裙子配上一件端莊的無領短上衣，腰間繫一根裝飾條帶，落落大方而流行四十年之久。」

「有些流行的時裝只是在各種大家喜愛的便服的基礎上，作一些修飾和改進。例如上面提到的『沙涅爾』女服，將裙子換上當今盛行的中長褲，就是一種時髦的款式了。當然，衣料也可以換成綢緞或針織品。再如端莊文雅的英式女西裝，要想使它富有時代的魅力，最好配上一件式樣較浪漫的短衫：花邊領子，蝴蝶式飄帶，要是繡胸花則更美。古典式的上裝若配上一條裙褲，則又成了一種現代式樣的服裝。」

大師的精闢演講，激起了全場經久不息的掌聲。

還有一次，皮爾・卡登在紐約演講時，一位《華盛頓郵報》的女記者向他提出了時裝的標準、顏色的搭配等問題。

對於這一問題，皮爾・卡登並沒有馬上次答，這位美與藝術的戀人先是笑了笑，然後清一清嗓子說：「請允許我在這裡打一個也許並不十分恰當的比方，夏季流行的裙子式樣繁多，有西裝裙、綢裙、百褶裙、緊身連衫裙、寬體連衫裙等，大致分為運動式樣和文雅嫻靜式樣兩大類。目前，連衫裙的長度以過膝五六公分最為合適。」

「兩百多年前，讓・雅克・盧梭曾說過，時裝以其現實的美點綴著世界。可是，這種美是千姿百態的，有著細微的差別。」

「時裝的標準是變幻莫測的。有些流行時裝出現奢華浪費的現象。然而，正確的審美觀無疑應該考慮節約。事實上，樸素大方、配套和諧、美觀舒適才是永遠有生命力的服裝標準。」

「大多數婦女不喜歡過於修飾的服裝，她們對服裝的顏色、布料以及廣泛的配套性都有一定的要求。實際上，流行的式樣，如色彩、衣長和加上某些修飾點，這個『一點變化』的意義相當重要，它能使兩件款式相同的衣服顯得截然不同。這關鍵在於顏色的搭配、布料的選用，以及裝飾品的點綴。」

「流行服裝的顏色以淺色的色調為主色，如銀灰、淺褐與黃色的格子以及藍與白、藍與黑、藍與紅的調配。一般傾向是喜歡顏色的反差明顯，或色調雅緻。裝飾物是服裝的一部分，雖然它們的作用並不很大，但和衣服一樣重要。」

皮爾・卡登的話，讓這位《華盛頓郵報》的女記者敬佩不已，第二天，《華盛頓郵報》便在頭版登出了讚譽皮爾・卡登的文章。

時裝界的開路先鋒

皮爾．卡登的信條就是永爭第一。他曾說過：「我永遠是第一，我討厭當第二的角色。」他對時裝未來趨勢的不斷嘗試和探索深刻地反映了這一點。

「只有勇於嘗試才能把想法變成現實。」他說。

他認為，品牌產品要有鮮明的特色和獨具的價值。國際名牌無一不是依靠自己的個性特色立足於世界市場的。對於服裝來說，就是產品的設計風格方面有鮮明的特色，不僅要創新，更要符合消費者的審美標準，順應時代潮流。不斷創新並體現時代感的品牌在競爭中一定能夠長盛不衰。

永遠與時俱進的卡登品牌也是靠大師的創新精神在市場上站穩腳跟的。被譽為法國時裝「先鋒派」的皮爾．卡登，他的創新精神使他的設計表現得不同凡響，並且往往超前地運用了當代最先進、最時髦的事物。這些都是與日新月異的社會，與不斷發展的服裝業分不開的。

皮爾・卡登說，時裝式樣並不是時裝公司憑空創造出來的，時裝公司不過是以它特有的方式把當時的社會時尚、藝術潮流以及服裝的發展趨勢表現出來罷了，而只有那些淋漓盡致地表現時代潮流的式樣才能領先時裝行業。

用時裝表現社會、藝術潮流，全靠時裝公司設計經理和設計創造性的想像力，他們往往把服飾的設計與藝術、美學以及裝飾演變的研究結合起來。

據《國際先驅論壇》曾經的報導：「出人意料的是，雄踞一九九〇年新潮之首的男裝，竟是皮爾・卡登於一九六〇年設計的無領套裝。卡登曾深有感慨地說，『我設計的男裝簡潔明快、自成體系。而年輕人有他們自己獨特的行為方式，他們喜愛我的男裝，只能說明我的設計與未來巧合。我的設計走在了時代前面。』」

皮爾・卡登一直在潮流的前面勇敢地開拓著自己的路。他的設計總是超越流行的尖端，領導著時裝的新潮流。被譽為最高創造力的前衛設計師。

他說：「我設計我所欣賞的服裝，它們是屬於明日世界裡的服飾。」正是他的超前思維和創造意識，構成了他作品的特殊風格，並將自己塑造成一位服裝界的革命家。

在皮爾・卡登數十年的服裝設計中，他獨樹一幟，不斷創新，始終走在時代潮流的最前面，給法國時裝界注入了朝氣和活力。同時也影響了世界。

在皮爾・卡登的手裡，每根針線，每塊色彩，都充滿了神奇的魅力。他就是用這神奇的針線和色彩征服了法蘭西乃至世界的服裝市場，創造出一個舉世矚目的「皮爾・卡登」品牌。

這位自由的大師，不僅是當代服裝的藝術家，也是整個時裝界最有力的商標。

皮爾・卡登天才的想像，傑出的成績，也是與他的時裝工廠分不開的。時裝工廠的技工對實現設計師的圖樣意圖起很大的作用，因此時裝業非常注重高級技工的培養。一個高級技工的成長過程是十分漫長艱辛的，比如一個十六歲的年輕人，根據合約可以到時裝公司的工廠裡當學徒。在學徒期間，一邊勞動，一邊到時裝業公會舉辦的學習班學習，學習費用由公司支付。

透過兩年學習，取得專業技能合格證書。然後，在工廠裡先當初級副手六個月，再當熟練手六個月，接下去是初級裁縫六個月，最後才成為熟練裁縫。熟練裁縫就會做各式各樣的時裝了。

時裝式樣設計好以後，先是在熟悉裁縫的指導下按照設計圖樣用樣子布做，往往要經過很多次修改，再用選定的料子縫製。縫製好以後還要經過設計經理的再次嚴格審查，然後決定取捨。

一種服裝式樣一經採用並開始製作，就會把附屬的行業帶動起來。這種行業包括裝飾品業、皮貨業和皮革業等。紡織業的某些織法就是在時裝業的推動下採用的。記得曾有人這樣說過：「服裝式樣是紡織業的指揮棒。」這些行業與時裝業緊密協作，以便使原圖樣盡可能完美地表現出來。

一九六五年成立的時裝業公會，把確保時裝創作的專利權作為自己的職責。一九五二年制定了一個規章，把時裝設計師的創作看作是一種藝術創作，規定時裝設計可以享受有關文化藝術著作權的保護。時裝業公會還規定展出的日程，准許報刊在一個月以後發表照片，以便時裝公司能夠獲得專利向顧客銷售時裝式樣。

時裝式樣以紙樣的形式出售，規定只能用織物複製，並且在購買者所在的國家內銷售。顧客也可以透過對外貿易代理商購買。

時裝公司分為好幾個等級。一個公司要出名，就得拿出別具一格的時裝式樣。這樣一來，就很難避免抄襲現象的發生。剽竊、抄襲別的時裝公司的式樣，成了整個工業間諜活動的一個組成部分。

然而，既然稱作時裝，自然就會受時間的限制。沒有永遠流行的款式，任何一項時裝的款式都不能恆久，永遠流行的款式就不能稱為時裝，這就是這個行業的特點。

早在十八世紀末十九世紀初，有一位名叫貝丹的女裁縫開設了一個時裝工廠，貝丹曾為王后瑪麗・安東尼縫製衣服，在歐洲各國的王室中享有盛譽。

十九世紀的歐洲，經濟繁榮，宮廷生活奢侈至極，在社會上也以穿著為王室服務的時裝店縫製的衣服為不可多得的榮耀，因此時裝業有了很多訂貨。有一襲洋裝竟值五千金法郎，相當於現在的一萬四千法郎，這是時裝業有史以來最昂貴的產品。

時裝長期以來是上層社會享用的奢侈品，而普通人只能望而卻步。自從現成時裝出現以後，一直以來高高在上的時裝才走下聖壇，得以和尋常老百姓相互親近。近年來現成時裝的生產發展迅速。就是在高級時裝公司中，現成時裝的生產也占越來越重要的地位。

許多時裝公司都是一方面製作一些價格昂貴的華貴高級時裝，為少數顧客服務；

另一方面生產大量的現成時裝，供應廣大顧客。再也沒有時裝公司只為高級時裝而「專情」生產，不少時裝公司為製造現成時裝建立了專門的機構。

事實證明，這兩個方面的生產不僅不相衝突，還在資金上和創作思想上互相補充。皮爾・卡登就是把高級時裝的設計作為「大眾化時裝的實驗室」。

現成時裝公司在自己的工廠裡組織生產。最常見的辦法就是時裝公司把一套時裝式樣交給廠商生產，自己對品質進行監督把關；生產以後，向廠商收取一定的提成，作為專利使用費。提成一般占銷售總額的一成。時裝公司也可以把商標以轉讓的形式讓給某些技術精良的廠商使用。

現成時裝由於生產數量多，因此實行工廠化、自動化流水線生產是必要的趨勢。時裝式樣的變化愈來愈快，甚至於有時候有的產品還沒出廠就已經被淘汰了，因此，各廠商都在逐漸採用標準尺寸，以提高勞動生產率。

為了銷售，每年四月和六月兩次展出現成時裝。每年還在巴黎舉行一次現成時裝的國際展覽。在這個展覽會上，所有款式的現成時裝都被展現出來。

眾所周知，時裝業在法國國民經濟中占有一定的地位，因為它提供了相當數量的勞動就業機會。法國時裝業在歐洲各國以及美洲和亞洲廣大地區都有市場。

皮爾・卡登時裝公司百分之七十的產品及紙樣是銷售到國外的。許多時裝公司在國外設有分支機構。所以，皮爾・卡登無形地解決了法國社會的就業問題。在服裝進出口貿易中，法國一直領先。

法國服裝業的飛速發展，也使皮爾・卡登從中受益匪淺，為皮爾・卡登提供了良好的創業環境，使他能夠充分發揮自己的才能，成為服裝界的巨匠。

與皮爾・卡登同樣享譽世界的樸實無華的時裝大師——喬治・亞曼尼曾評價皮爾・卡登是一個「全身充滿創作靈感和藝術細胞的人」。

卡登的滲透策略

在皮爾・卡登的品牌祕訣中，他的制勝法寶之一是滲透策略。

在市場經濟運行過程中，皮爾・卡登認為，產品一旦打入市場，尤其是打入國外較大市場或國際市場後，企業應當採取多種策略，在市場上站穩腳跟，然後擴充勢力。這方面，目前國際上比較盛行的「滲透」策略，非常值得企業家們和行銷人員借鑑。

所謂「滲透」，書面含義是形容一種事物或勢力逐漸進入到其他方面。在市場經營中，滲透就是要求企業有一種見縫插針、勇於穿越的精神，在穩住陣腳的同時不斷擴充自己的「勢力」範圍。

皮爾・卡登也照樣做。他不僅把自己的服裝，而且還把自己企業的其他商品用「滲透」的方法逐漸向外推廣，占領更多更大的國際市場。從這一點看，皮爾・卡登不僅是一個著名的服裝大師，也是一位精明的商人。

六十五歲那年，皮爾・卡登決定把自己的名字以專利方式轉讓給他人使用，皮爾・卡登作此決定可不是鬧著玩的，他非常重視，並且要求非常嚴格，只允許一些最好的產品用他的名字。

瑞士一家香菸公司，生意一直不景氣，後來他們以「卡登」標牌打入國際市場，銷售特別令人滿意，每年銷售額達到上億美元。

在卡登品牌的光輝照耀下，如今全球行銷的「卡登」牌產品，一個響亮的有吸引力的商品名字，對顧客具有號召力，贏得信譽，能促成顧客的購買行為。

在卡登品牌從各個行業滲透進來的同時，各個國家的當地企業也獲得了非常好的效益。

一九九一年，一個春光明媚的清晨，上海領帶廠迎來了匈牙利等歐洲國家的領事官員。他們的到來，不是為了外交事宜，而是專程為訂購「敦煌」牌領帶。同年，《亞洲紡織雜誌》專題報導，「敦煌」領帶可歐洲最好的領帶媲美，達到了國際水準。「敦煌」是怎樣成為在國際上享有如此盛譽的名牌呢？事情是這樣的：

法國皮爾・卡登公司生產的領帶是世界名牌。那時候，他們要加工一批領帶，「敦煌」得知這一消息後如獲至寶，他們非常清楚卡登品牌的份量，打算托「卡登」的福，因為，爭取皮爾・卡登領帶的加工業務，不僅每條能賺兩美元，重要的是可贏得客戶的信任。

於是，他們千方百計爭取並高品質地承攬皮爾・卡登公司的加工業務。許多客戶得知上海領帶廠有為世界名牌加工的業務能力時，都放心地購買「敦煌」產品或簽訂加工合約。素有「領帶王國」之稱的義大利某公司也前來與之建立了來料加工業務。

二〇〇八年八月，經「皮爾・卡登」授權的皮爾・卡登家具在珠海舉行了「皮爾・卡登家具大中華區市場啟動儀式」。

「文化不分國界也沒有國籍，『皮爾・卡登家具』不僅僅是一個市場的拓展，一個品牌的延伸，更是市場全球化、經濟一體化的實踐和體現。」「皮爾・卡登家具」在大中華市場唯一的合作夥伴和總代理表示，「皮爾・卡登品牌是有著悠久的歷史和深厚的文化內涵的品牌。相信在中國家具行業將會上演一幕中西文化巧妙融合的精彩劇目。」

「皮爾・卡登系列家具將以華而不奢，豐富的文化內涵，顛覆性的視覺設計來給消費者帶來與眾不同的藝術享受與生活甜蜜，彰顯家具產品的時尚、高貴、典雅之美。」皮爾・卡登的合作夥伴如是說。

據了解，國外品牌在中國市場一向都顯得曲高和寡，絕對精品和絕對奢侈，可望而不可即，可想而不可得。但是，皮爾・卡登品牌，作為全世界知名的品牌，卻走高端產品、平民價格的路線。「皮爾・卡登家具」在工藝上也完全符合皮爾・卡登精神。

他們透過分析中國家具市場現狀、分析中國家具消費者對家具價值認知標準以及分析中國家具消費群體的背景層次，消除了盲目抄襲國外「新興」產品、導致產品在中國市場「消化不良」的現象。

「皮爾・卡登家具」的行銷定位在「大品牌、大行銷、大整合、精製造、優服務」；以民用專賣為主，工程配套為輔；以別墅家具為主，酒店家具為輔；發展特許加盟為主，結合工程代理；加盟為主，直營為輔。

「皮爾・卡登」是世界知名品牌，也屬於世界文化財富，中國是以文化文明立國的國家，其國際品牌平民化、高端產品平民化的品牌精髓，使所有人都能夠以「平民」價格消費國際品牌。擁有十三億人口的中國，正是「皮爾・卡登」最好的土壤。

據了解，最數十年來，「皮爾・卡登家具」拓展了專類產品專賣店一百家，約兩萬平方公尺，完成建設三十個皮爾・卡登家居用品生活館的目標，約二十四萬平方公尺，總計面積約達到三十萬平方公尺，最終實現年銷售額五十億美元的策略目標。

「皮爾・卡登家具」品牌進入中國，將加快中國家具大品牌建設的步伐。中國將基於「皮爾・卡登」在服裝領域極好的品牌形象及消費者對此國際品牌店的信任，利用其強大的國際品牌背景和極強的品牌號召力，迅速為消費者塑造一個中高檔家具品牌。

當記者問及「皮爾・卡登家具」進入中國市場後，是否會改寫中國家具界缺乏大品牌歷史的問題時，卡登先生認為，現在很多國際知名的品牌都在做家具，而且代表了一定的水準，但是，家具發展至今天已經不僅僅是實用性的功能，皮爾・卡登先生一再強調家具和時尚分不開。卡登先生做了五十多年的品牌，進入到家具行業，也將以做服裝的品牌概念來服務家具行業。

卡登先生相信，在「皮爾・卡登家具」進入中國市場後，會在一定程度上改寫中國家具業缺乏大品牌的現狀。

皮爾・卡登總結了自己的這種「滲透」戰術，以及實施該戰術所用的手法，大致有以下幾種：

一是，研究改進，爭取顧客。要求企業在進入國內國際市場後，不能滿足現狀，而應注意產品的性能和品質，重視交貨期，提高銷售服務水準，改進不足之處，爭取有更多的消費者購買本企業的產品；增加產品的吸引力和改善推銷方法，可以把其他企業的顧客拉過來，也可以用代用品和替補品把市場上的消費者轉移到本企業的產品市場上來。

二是，以點帶面，擴大市場。要求企業在已有的市場產品和出口產品基礎上，及時重組系列產品和配套產品的上市和出口，由點及面，形成一組帶動多組產品群。

企業借助已打開的市場，帶動相關聯產品的研製、開發、生產、上市，往往會收到事半功倍的效果。這不但需要企業選準首次上市及出口的龍頭產品，還必須重點研究相關市場的消費者愛好，才有可能將品牌產品向其他市場滲透。

三是，查缺補漏，填補空隙。敏銳的企業往往能利用國內較大區域市場以及國際市場消費層次多、需求差異大的特點，爭奪到其他企業還沒有涉及或未予重視的消費市場。

只要有利可圖，企業完全有理由向這些被忽視或遺忘的消費角落出口產品，見縫插針，挖掘潛力。這一策略戰術的優點就是不會遇到強有力的競爭對手，有時還會得到出乎意料的收穫。

在皮爾・卡登的經營生涯中，這一策略最典型的成功案例，就是他在中國成都市場的成功。當初他來到中國時，曾一度懷疑地處中國內地的成都市是否有能力消費他的高檔服裝。

誰知不試不知道，一試嚇一跳，皮爾・卡登發現，成都人的品味特別高，對皮爾・卡登服飾系列的了解超出了他的想像，這讓皮爾・卡登非常吃驚。

四是，避強擊弱，另闢蹊徑。企業在市場上隨時會遇到各種競爭對手，如果對手十分強大，雙方力量相差懸殊，在這種情況下，企業家應有自知之明，不與強手作正面衝突，早作放棄原來市場的打算，另覓市場。

國際市場範圍廣，容量大，往往是東方不亮西方亮，企業要以把目標轉移到其他國家和地區，或與弱的競爭對手搶市場，或另選新的消費群作為目標市場，重新進行產品定位。因此，企業平時應多收集訊息，研究市場，早早準備好若干後備市場，以避免強敵，也可採取避開鋒芒，「伺機反撲」的靈活戰術。

在這一點上，皮爾・卡登也做得相當成功，他並不急於在法國謀求和擴大自己的勢力範圍，而是從外向內，逐步縮小包圍圈，最終在自己的國家占得一席之地，這是相當不容易的。

五是，避實擊虛，蠶食鯨吞。要求企業要保持和發展現有市場份額的同時，可有意識地在其他市場上爭取客戶，正所謂「狡兔三窟」；對充滿強大競爭對手的市場和貿易壁壘森嚴的地區，繞過各種市場障礙，側面進攻，蠶食部分市場。經過精心準備的企業，以經常不斷地試探向市場層層滲透，將使對方措手不及，防不勝防。

透過這種游擊戰術，企業可擴大市場範圍，增加銷路。在這一點上，皮爾・卡登借助自己創下的金字招牌，開發多種產品，就是一個成功的例子。

皮爾・卡登在滲透戰術上，運用自如，得心應手。儘管皮爾・卡登一直不喜歡作服飾方面的演講，但在一次與記者談話時，他還是提出了關於服飾的一些見地：

在時裝設計上，兩種或多種色彩，面料的等量對比將是很危險的。服飾打扮可以有一個視覺焦點，也可以有多個趣味中心，關鍵是注意主次的搭配，上下前後的統一。

成功的服飾並不限於藝術上的完整，還要符合穿著場合的要求。想要成為現代時髦女性，關鍵要盡可能地減少飾品的佩戴。線跡、拉鏈、鈕扣、商標本身就是時裝上的最佳裝飾。

不要盲目地追求時髦，它會扼殺你的個性。以不變應萬變，也是一種穿著藝術。服裝要穿出風格，首先要有自信。款式是青年人最關心的，做工是中年人最重視的，舒適是老年人最喜歡的。

一九九〇年代是休閒時裝的天下，在那一時期，休閒裝風靡全世界。不可避免地影響了老一代的服裝設計師們的觀念，大勢所逼，他們只能靠創新和適應來求得生存和發展，唯其如此，才能適應市場。

皮爾・卡登卻一改以前的嚴謹作風，對這一新生事物頗多譽詞，並且率領自己的集團，向這一方面靠攏。

他認為，休閒裝的出現和回歸自然的心態是一脈相承的。當追求生存與幸福的現代人疲憊不堪時，他們發現自己遠離了的原始自然界竟是多麼迷人！拋棄束縛自身的禮儀，回歸自然的美，擺脫辦公室的緊張、刻板、嚴肅的氣氛，享受更自然更富有活力、更健康、更科學的生活，成了都市人的精神渴望。

皮爾・卡登指出，白領階層應該從筆挺、刻板、束身的職業裝、禮服中解脫出來，從自己精心設計、裝扮的角色中跳出來，換上個性鮮明、隨意自在、浪漫灑脫的休閒服飾，在贏得了雖不十分漂亮但絕對灑脫，雖不能亮麗動人但舒適自然的感覺同時，把心中輕鬆自信的精神文化也展示了出來：緊張的生活，會變得輕鬆；沉重的負擔得到排解；作為生活的主人，要能從社會著裝的角色束縛中衝出來……精彩地為自己而活！

皮爾・卡登解釋說，由於休閒服飾在參與和改造現代生活的過程中，不僅將著裝者充沛過人的精力、改寫刻板生活的超強能力和經濟實力、文化修養等，都有意無意地透過外部形象表現了出來，而且以其高雅至美的外形，將著裝者精神生活中的緊張壓抑造成的痛苦排解出來，給浮躁焦灼的現代人以呵護和撫慰，從而使休閒成了一種時尚，成為現代人對自由、自然的追求，休閒服飾成了對人文化素養、審美水準和經濟實力的一種新的顯現，休閒服飾因而成為現代文明社會一個流行時尚。一種衣飾即是一種思維方式。

白領階層擁有一定的文化素養、一定的經濟基礎、一定的生活態度，並對社會消費生活起著一定的引導作用，在自我休閒的過程中，有責任不斷提高自身的文化素質、藝術修養和審美能力，使自己的裝束更加瀟灑美觀、風度翩翩，以優雅面貌示人，這樣才能給社會注入一種尚真、尚純、尚樸、尚淡的清新之風。

在這樣的潮流面前，皮爾・卡登知道，任何逃避的消極方法都是不可取的，於是他大膽地選擇了面對和相容的方法，終於使自己處於不敗之地。

當年，服裝界裡這位年輕的裁縫出名以後，便立即打破了一條由來已久、根深蒂固的傳統做法：即今天的款式是A，明天是H，後天再翻個花樣變成了Y，迄今為止，那些高級裁縫就是這樣促使婦女去趕時髦的。

皮爾・卡登卻為自己另定了一條至今還嚴格遵守著的職業原則。婦女是自由的，任何人都沒有資格去規定她們穿什麼；衣服要因人而異，為人服務，而不應該要人去適應衣服。跟隨皮爾・卡登的那些年輕的同事們卻不這樣認為，他們總是想把今天的婦女打扮成昨天歌劇裡的英雄，或是打扮成來日的宇宙飛行員。

「他們設法把自己的幻想變成現實，卻不為那些穿著他們的設計的服裝的婦女們著想。」皮爾・卡登當初就是這樣評論他們的。

皮爾・卡登喜歡義大利的服裝。他說：「義大利的時裝比較好，既實惠又不過分。」義大利的時裝不久前與他競爭得非常厲害。然而，對那些妄圖征服歐洲的美國同行，皮爾・卡登非常看不起他們，他不屑一顧地說：「他們只曉得T形運動衫和牛仔褲，再不就是抄襲我的設計。」

但現在皮爾・卡登已經改變了初衷，但又不違背當年的原則，只是追隨時代不斷增添新的內容。

幾十年來使他感到自豪的是他為婦女設計了普及的服裝，這樣的服裝不會過時，能適應任何季節。這使得婦女能不再受時裝的牽制，不必一味地為趕時髦而勞神勞力。因為比時髦更加重要的是風格，款式可以變，但風格是不變的，以不變可以應萬變。

皮爾・卡登毫不掩飾地承認，他花了十年的時間才找到和確定了自己的風格。他在探索新式樣時，總是把立足點放在傳統的服裝上。他不是什麼服飾的革命家或發明家，他是位老式服裝風格的革新者。奧地利的民族服裝，阿拉伯的傳統民間服裝，還有古代俄羅斯以及古代中國華麗的服裝都成了他設計時裝的樣板，在它們的基礎上設計出新穎的、適時的服裝來。

他那了不起的創作本領當然不是來自民俗學，而是取自男裝的衣櫃。他充分地考察和利用了男子服裝的特點來設計女子服裝，如男子穿的運動夾克衫、長褲、禮服、雙排鈕扣大衣、輕便上衣、針織斜紋西裝等。這些穿著舒適而又不會過時的男裝式樣，如今也正大光明地走進了女裝的衣櫃了。

當然，具有男式美的女式服裝並不像它們的設計師所想像的那樣始終是普及、流行的。只要看如今女青年的衣著就知一二了。

皮爾・卡登認為：「女青年完全仿效男青年，這有時的確是很不適宜的。我自然主張平等，但也反對盲目地追求一式一樣。因此，我在設計女裝時，總是考慮些細節，如透過褶邊或用透明的料子作為襯托等來突出女性的美。如今的青年偏愛派克大衣、牛仔褲、運動衫、阿拉伯人的頭巾以及皮外套等，以時裝之王設計的服裝影響不了他們，然而他們的阿姨、母親那一輩人是不趕這類時髦的。」

皮爾・卡登在巴黎有一間「卡登藝術中心」。工作之餘，他最喜歡看小說、聽音樂、玩紙牌、寫寫詩歌或短篇小說。皮爾・卡登認為，「對我來講，在設計服裝時完善我的風格要比追求新款式來得更重要。」

那麼他的私生活是怎樣的呢？幾十年的奮鬥減少了他私生活的時間了嗎？

他的回答是：「成名使人孤獨，我總是疲憊不堪。設計服裝是一個有損健康的職業，甚至是慢性自殺。除了要經營那麼多的專利，每年我還得搞四個服裝展覽，而且每次展出都要設計出新的款式，以證明我所設計的仍是當前最出色的。我將繼續奮鬥，直至我的生命完結為止。」

透過回顧和總結，皮爾·卡登再一次步上了他的藝術頂峰。

百年終於磨成一劍

一位白手起家，靠自己的努力和勇氣獲得成功的人，既是一步一個腳印的實幹家，又是膽大心細的冒險者，還是一位真正的征服者。

有一次，皮爾·卡登對《紐約時報》說：「我曾說過我像戴高樂一樣有名，現在我情願把他換為你們國家的那位瑪丹娜。」皮爾·卡登是當今世界叫得最響的品牌。

其實，在龐大的卡登王國裡，只有十多個人管理著全球性的業務，並沒有什麼複雜的商業計劃，但這並不說明皮爾·卡登目光短淺，管理落後，他是非常細心的管理者，帝國裡一支筆對外，所有支票都要他簽字。

他不搞股份制，也不追求合資，他的組織方式沒有合夥人。如果哪一天他一覺不醒，可能沒有人接管他的事業。皮爾・卡登是當今世界服裝界的老人，是導師，是前輩。不僅在服裝界，在整個人類歷史上，也算得上一位傳奇式人物。

這位折服人心的世界級大師，既懂藝術，又懂經營；一隻手抓普及，另一隻手抓提高。他能將自己的人生境界上升到今天這樣的高度，沒有自己的獨到之處，沒有超人的才能智慧，根本不可能做到這一點。

現在，皮爾・卡登在國際服裝界仍然有著任何人不可替代的位置和重要性，他個人的理解是因為始終不忘創新：「一般人在服裝大眾化的同時，總是忽略了服裝創作，損壞了它的藝術價值。而我正相反：我既讓自己的服裝大眾化，同時又繼續保持著我一貫的創造性，所以我不倒。」

由於他在國際服裝界超凡脫俗的卓越表現，使他在國內外政界、文化界、服裝界連續不斷獲得榮譽獎章，其中三次獲得的相當於服裝界奧斯卡的金頂針獎最為榮耀。

但這遠不是最高尚的榮譽，讓全世界都為之激動的是，他在七十歲的高齡時，被提名入選為法蘭西藝術學院院士。

至此，對於一位老人來說，一般都應隨遇而安，而他並不安分，獨出心裁地打破和否定了兩百多年來沒有絲毫變化的院士服與院士佩劍的傳統，專為自己特別設計了一套院士裝與佩劍，接受了院士授禮。

一九九二年十二月二日，皮爾・卡登被法蘭西藝術學院同事正式接納為院士。就職儀式中，法蘭西藝術學院德高望重的終身書記，馬爾賽爾・蘭多夫斯基發表了一篇精彩的演說，給予皮爾・卡登極高的評價：

請允許我這樣對您說：您生平極不尋常的經歷猶如一個童話。

您依然是一個永遠充滿想像和計劃的年輕人，穿上綠袍，您更是集創造者、藝術家及美和未來計劃的實施者於一身，您因此極自然地成了藝術學院的院士。您是傳統、現代化和企業精神的和諧統一。

從青年時代起，您便被「時尚」，也就是對適合表達穿著者風貌的物質外表的追求所吸引：服飾既不是邊界，也不是防衛，對於您，服飾已經是靈魂的顯示，是一種用來向別人交流的禮節的符號。

您一直試圖衝破您以「人道王子」身分穿越其間的各種階層之間的社會和經濟壁壘。

這一理想，我們和您共同分享。正是為了這個理想，為了表彰您如此恢宏的事業，我們懷著熱情和友誼於今年二月十二日決定接受您為我們的一員，並將我們的學院向這一當之無愧的藝術形式，我指的是高級時裝——開放。

我們選擇了這門藝術最出色、最傑出和最慷慨的代表之一，一個偉大的形象，一個手指靈巧如金的人——皮爾・卡登，歡迎您！

馬爾賽爾・蘭多夫斯基在演說中還從側面表露了對卡登品牌的欣賞態度，他詼諧地講道：「您曾經說過自己有『一張漂亮的臉』，現在您已成為一個形象。」

馬爾賽爾・蘭多夫斯基強調指出，皮爾・卡登作為一種時裝風格和一個工業王國的創造者完全有資格進入學院，因為學院不僅授譽於藝術家，而且同樣給那些善於推動和捍衛藝術創造，並使欣賞超越狹小圈子融入全社會的人以榮譽。

當選為法蘭西藝術學院自由院士的皮爾・卡登，這對他來說已是最高榮譽，而那把佩劍確是他榮譽的一個最好象徵。

在這個榮譽面前，皮爾・卡登激動不已，他向所有的拜訪者詳細講解了這把劍對他深遠的重大意義。

這把劍是費了五百小時人工鑄成的，我這一輩子的生命、事業，全部象徵在這把劍上了；整個劍的造型，上段的頭、中段的身、下段的裙襬及聯想到長腿的刀部位，表示了我個人所設計高檔女子服裝的形象。

但這把劍所反映的還不只這些：劍柄的頂頭，象徵縫紉時常用頂針指套，也代表了我三度所得服裝界的金頂針獎；頂針下部刻有兩眼的面具，說明了我的出生地威尼斯嘉年華會的標誌。

劍柄中段呈心形弧狀的「M」字體，有三重意義：既象徵我的心，同時也代表了我在世界數個大城市所擁有數個高級餐館「馬克西姆」的第一個字母「M」；此外，還表示了我所設計過兩扇高聳如武士盔甲的男裝造型。劍柄中心的針，象徵了縫紉針與針孔下方的線軸及象徵剪刀的劍身，這是說明了我靠縫紉起家的道具。

百年磨一劍，皮爾・卡登十分清楚這把劍鑄就的輝煌和飽含的艱辛，劍代表了他的生命與事業，代表了他的全部。人們在欽羨的同時，也自然會想起他在入選為院士時對整個法蘭西聽眾發表的一番感慨：「過去從來沒有人嚴肅看待在布堆中幹活的人，然而人類史的演進卻完全與服裝有關，而且服裝是唯一能反映時代的重要證據，是歷史的回憶要點。」

他進一步闡明：「我認為我能得到這項至高的榮譽，無疑是世人已將時裝設計者肯定為正統的藝術表現形態之一，是對服裝設計者最崇高的贊禮。」

樹立法蘭西形象

藝術是沒有國界的，服裝也應該沒有國界，「皮爾・卡登」不僅屬於法國，也應該屬於世界。正如他說：「我要在世界樹立法蘭西的形象。」

這倒不是因為皮爾・卡登本身的能耐和財富，而是他設計的服裝受到了世界人民的肯定、喜愛和讚揚。只要將他設計的服裝往身上一穿，便有一種雕塑般的瀟灑和力度。

世界時裝大潮不斷推陳出新，一種款式取代另一種款式，一種時尚壓過另一種時尚，革新的步伐不停止。卡登產品能在風雲變幻的服裝行業中獨領風騷三十個春秋，這本身就是個奇蹟。之所以如此長盛不衰，這和皮爾・卡登自始至終的藝術無國界的理念息息相關。藝術無國界，品牌才能暢遊世界，「卡登王國」才能占領天下。

縱觀天下各路豪傑，沒有一個是時代前進的落伍者，他們總是明察秋毫、先知先覺，總是引導時尚潮流。

皮爾・卡登自小就具有一種獨創精神和超凡意識。這種超凡脫俗的先天因素為他後來的成功奠定了基礎。

他的設計總是超越流行的尖端，領導著時裝的新潮流。

他說：「我設計我所欣賞的服裝，它們是屬於明日世界裡的服飾。」

正是他的超前思維、創造意識，構成了他作品的特殊風格，並將自己塑造成一位服裝界的革命家。

皮爾・卡登不僅是一位了不起的服裝設計者，在經濟領域的開拓，他也明顯地表現出震驚世人的進取精神。作為一位企業家，必須在競爭與挑戰中求生存、圖發展，皮爾・卡登努力走在時間的前面，先入為主，取得了一個又一個的輝煌成果。

皮爾・卡登的成功，是策略的成功。卡登奉行「讓高雅大眾化」的品牌策略，使其時裝帝國的疆域不斷擴張：皮爾・卡登從一九四〇年代開始刻意經營，一九五〇年代就打入了世界最大的市場美國以及日本；一九六〇、七〇年代又分別打進印度和中國這兩個世界上人口最多的國家；一九八〇年代，全力以赴向蘇聯、東歐市場進軍，並在許多國家開設服裝工廠。

他和以上許多國家的政府要人、政界名流、實業界大亨和藝術大師級人物之間有著密切的聯繫。

卡登王國與國外政要及其他名流之間的友誼之橋全由皮爾・卡登一人搭建，他從來不求助於法國政府。他是個很有遠見卓識的企業家，在經營上總比別人棋高一籌，前行一步。他經營的主要目標似乎並不在於賺錢的多少，他很少為了盈利而斤斤計較，這種大度的經營作風為他打開世界市場掃清了道路。

皮爾・卡登走到哪裡，就把法蘭西帶到哪裡。他為法蘭西在世界上樹立了一個完美的形象。他永遠受到了人們的尊敬、讚揚和歌頌。

「皮爾・卡登不僅僅是卡登先生個人的，也不僅僅是屬於法國人民的，它是全世界的瑰寶。這並不是因為皮爾・卡登這位歐洲老人是如何和藹可親，而是服裝藝術，使他獲得了人類極為高尚的尊嚴，無限地加重了自身的份量和生命的意義。」

卡登品牌及其時裝的魅力，不僅征服了人民大眾，還有政府首腦；卡登時裝的流行不僅僅侷限於某一國家或某一地區，而且是遍布了全世界；卡登的產品不僅在世界成為大時裝中心，對巴黎、米蘭、紐約和東京有著巨大的影響，而且在第三世界，如南美、中東、東南亞諸國也占有廣闊的市場。

打開歐美的市場困難，因為這裡的競爭激烈；打開亞洲的市場困難，因為這裡閉塞，而且「油水」不多。但皮爾．卡登排除了種種困難，他在世界市場上扎住了根。

「皮爾．卡登」一誕生，便不是法蘭西的民族服裝，而是一種跨越國界和人種的國際性服裝藝術。

「卡登帝國」再大，也大不過聞名遐邇的時裝大師之名。幾十年來，他以時裝業起家，已奠定了他在法國高級時裝界的穩固統治地位。

一九八二年，皮爾．卡登在巴黎舉辦了題為「活的雕塑」的時裝表演，展示了他三十年來設計的女裝。各色的時裝模特兒穿著皮爾．卡登各時期的作品依次亮相，手執標明不同年代的卡牌。令人不敢相信的是，雖然時光流逝，但皮爾．卡登的服裝彷彿是昨天才設計出來的，卡登品牌依然如此鮮活和富有生命力！

一九九四年冬末，法國巴黎。

這座古老而又時尚的時裝之都懷著無比激動的心情，迎來了它的又一大盛事——「法國今冬明春高級服裝展示會」。

法國服裝展示由來已久，此次規模空前，它既是世界各國服裝設計大師們展示自己作品的極佳機會，也是進行服裝交易的好場所。這次服裝展示雲集了來自近四十個國家的服裝大師們，他們的服裝將形成下一年甚至更久的服裝流行趨勢，其影響之大、之深遠，可謂世人皆知。

本次博覽會盛況空前，競爭也自然異常激烈，展覽廳的相當一部分位置被美國的著名服裝品牌占據，以展示近年來美國高級時裝的迅猛發展。

日本則在以前的基礎上再一次發動了強大的攻勢，力求在全世界時裝市場的國際品牌中搶占一席之地。在世界服裝市場艱苦奮鬥了五十年的皮爾・卡登此次以「夢迴巴黎」為主題再現輝煌，與其他國家、其他服裝設計師的品牌相比，皮爾・卡登在世界市場上的霸主地位更加不可動搖。

與往屆博覽會明顯不同的一點是，本屆博覽會的展覽部分來自世界各地的品牌更加迅猛增加。除要求主動參展外，組委會還邀請了十家著名品牌前來助興。除舉辦專場表演外，組委會還費盡心機，將專家集中起來，對照中發現優勢和缺陷，尋找一條世界時裝的發展之路。

來自美國、日本、加拿大和義大利等國家的著名時裝設計師前來觀摩或擔任了評委，來自世界的上百名名模參加了大賽的表演。

這次展示會共展示了三百多套、幾十種顏色、上百款時裝，反映了當今高檔服裝的最新潮流。

以「夢迴巴黎」為主題的皮爾・卡登服裝，在本次展會上技壓群芳，出盡風頭，讓所有在座的時裝師們嘆為觀止。

一款摩登舞裙，款式新穎、匠心獨運、別具一格，它把以前流行的拖地長裙改成了露出腳面。隨著舞蹈腳下功夫越來越精湛、複雜，舞裙被又一次改成了離地二十公分至三十公分，以便觀眾欣賞技藝，舞裙肩臂保持了晚禮服「露」的風格，突出展示女性脊椎、背部線條。

在舞裙肩、臂部裝飾上大膽誇張，以裝飾不同款式的飄帶，展示舞者飄逸的美感。近年來，飄帶款式不斷變化，半裸臂式、全包式、雙飄式……皮爾・卡登採用了當時流行的連頸飄帶，線條簡潔流暢，以體現頸部較長女性的美感，上身再配上花飾、貼鑽、亮片、亮珠等飾物，更顯衣服品味的高雅。

服裝色彩亮麗、跳躍。裙襬六層左右，最外層面料用精紡喬其紗，內五層為高彈尼龍，彈性好、蓬鬆、輕盈、擴張力強，飄逸而不失穩重。

裙襬採用魚骨、絲帶，經特殊的工藝處理，形成木耳邊花型，似蘑菇狀雲朵花團簇擁在一起。裙襬底縫飾火雞毛、鴕鳥毛等動物羽毛。裙襬在模特兒隨著音樂舞蹈而擺動時，顯得一派雍容典雅，風情萬種。

在這次展示會上皮爾・卡登展示了他五十年來服裝設計靈感的四個主題：

主題之一是幻影咖啡座。衣飾隨意舒適，雅緻中帶點花飾的實用裝束，表現出點含蓄的穿衣美和對世界的恬然態度，代表著另具風格、個性獨特的文化一族。

主題之二是星際暢想。這是來自人類對漫遊銀河的幻想。此主題以一九六〇年代修長的外形、簡單的剪裁，選用經過加工布料及冷的色調，演繹出天馬行空的超現實遐想。

主題之三是都市調色板。繁華忙碌的都市生活，衣飾線條簡潔俐落，上乘手工及用料帶出一九五〇年代和一九七〇年代既含蓄又低調的時尚品味。

主題之四是紙醉金迷。這一主題反映舊式雞尾酒郎的絢爛璀璨，打扮以美豔誇張為主，衣服色調濃豔，強調長身剪裁，充滿後現代主義及浪漫風格。

美與藝術的冒險家

皮爾．卡登待人謙和，這與他那果斷的行動以及雷厲風行的作風形成了鮮明的對比。他面容蒼白憔悴，身材消瘦，甚至有點弱不禁風，這和他的卡登帝國之大彷彿相差甚遠，這也許是由於他廢寢忘食地工作造成的。

用他自己的話說：「我同時過著五十個人的生活。工作使人愉快，休息使我煩躁。我從沒停止過創新。如果需要設計兩年的服裝，我就專心致志，全力以赴。沒有任何東西、任何人能夠使我離開工作間。每天晚上我多次醒來，多次起床。靈感最重要，一有靈感我就趕忙記錄在案，免得它倏忽逝去。」

皮爾．卡登稱自己為「熱愛世界的冒險家」，而新聞界送給他一個「美與藝術的戀人」的雅號。其實，稱他為「美與藝術的冒險家」更為確切。

他的成功確實在於他從不停止的冒險行為。他總是做他人沒有做過的事，不斷創新出奇，被視為「先鋒」派的代表人物。然而，他最終在一次又一次的冒險中獲得勝利，創造了一個神奇的「卡登王國」。

一直以來，皮爾・卡登的行蹤奇詭無常，飄忽不定，宛若蜻蜓點水。他的行為很難讓外人尋得什麼規律，因為他根本無規律可言，忽而搞服裝設計，忽而搞美食經營，忽而搞娛樂性的文化中心，甚至還搞手錶、家具、汽車和飛機的設計。

在他的超級王國裡，除了服裝商店之外，還有家具商店、劇院、畫院、展覽廳。

皮爾・卡登像旋風一樣席捲全球：今日在巴黎，明日去里約熱內盧；他還要設計款式，簽署合約，導演排練，檢查驗收。此外，他還要應酬各種招待會、宴會，和他打交道的人上至政府首腦，下至平民百姓。

他說：「我很明白自己陷入一個鍍了金的牢房裡。我成了奴隸，一個我自己和我周圍環境的奴隸。我彷彿置身於一個快速旋轉的磨盤裡，欲罷不能。」

經過多年的開拓與奮鬥，皮爾・卡登創造了一個又一個奇蹟，然而皮爾・卡登本人對此並不滿足。他直言不諱地說：「我渴望出人頭地。現在，誰能和我匹敵呢？」他還要用他神奇的雙手和過人的智慧，創造出更多更奇妙的廣闊天地。

誰能與他相匹敵呢？這實非自吹自擂，當皮爾・卡登在世界各地巡迴展示他的作品時，留在那裡的不僅是他的品牌，還有他的名聲。

外面的世界雖然豐富多彩，但皮爾・卡登卻能把它描繪得更加絢麗奪目。在法國這樣一個時裝大師輩出的地方，有無數世界級大師，皮爾・卡登不僅能與他們平分秋色，甚至還有過之而無不及。在遙遠的東方，他的知名度大過任何其他一位服裝設計師。

皮爾・卡登自然知道他最得力的法寶是什麼，那就是每到一處，他總是和上層人物接觸，從政治上引起重視，沒有哪一位時裝設計師能像他那樣，在各國受到元首級別的接見。在這一點上，皮爾・卡登走出了一條與他人完全不同的路子，他總是先透過官方打開市場，然後再引進自己的產品，在商界很少有人想到這一點。

也許在皮爾・卡登眼裡，品質並不是重要的，但是他並不忽視品質的重要性，他只不過在通向市場時，把品質放在了第二位，而將政府的影響和新持有的消費誘導放在了第一位。這樣，他的產品還沒有進入市場，他的名聲就已經先扎下了根。

從一般人的一種未知效應上，許多人都有占有早已聞名的商品的心理，而不是去買回一件時裝。經過實踐來證明品牌的地位，這是皮爾・卡登常用的法寶。

並非無人這樣想過，但他們總是比皮爾・卡登慢了半拍。

皮爾・卡登先生不僅是一位服裝設計大師，一位藝術家，而且具備生意人的精明和預言家的遠見。卡登先生充分利用他在國際服裝界的知名度，不斷地舉行時裝表演和其他豐富的文化交流活動，在向人們灌輸現代時裝文化概念的同時，深深地打上「皮爾・卡登」品牌的烙印，牢固地樹立起「皮爾・卡登」——國際名牌的形象。

卡登公司的產品在正式投放市場前的接連不斷的時裝表演，無論是男女裝，還是童裝，致使希望穿上皮爾・卡登時裝的各類型的顧客心理期望值增高；同時，前期宣傳與實際產品上市之間的時間差，使市場上處於嚴重的「飢餓」狀態，為皮爾・卡登服裝的正式投放市場奠定了基礎，也使得皮爾・卡登的品牌形象更加深入人心。

對服裝企業來說，促銷是開拓和占有市場的強有力的武器，它能使時裝在某一目標市場迅速產生刺激作用。皮爾・卡登比較早地使用時裝培訓表演、文化交流等手段來促銷，獲得了巨大的成功，為眾多的服裝企業所效仿。

在促銷上，皮爾・卡登與眾不同之處就在於，他總是先透過一系列的促銷手段打開市場，然後再引進自己的產品。

皮爾・卡登舉辦時裝表演，培養許多超級名模，使自己的產品進一步擴大影響，從而占領市場。

在設立了專賣店，銷售推廣自己 PC 商標服飾的商業活動之中，皮爾・卡登的足跡幾乎遍布全球，他總是在路上、在空中、在小轎車裡，因而成為一名跨國界、跨洲界的時裝大師兼超級旅行家。

在世界眾多的時裝設計師中，像皮爾・卡登這樣踏遍全球的實在是太少了。就連他自己也說不清到底去過多少個國家，僅亞洲的日本據說就去過四十七次之多，這簡直不可思議，不過，皮爾・卡登每次出國並不是單純觀光遊覽，而是醉翁之意不在酒，藉此將其 PC 商標服飾打入該國，拓展其「卡登帝國」的海外市場。難怪在世界眾多商標服飾中，PC 商標最為深入人心，在中國更是家喻戶曉。這些都是與皮爾・卡登本人進行的無數次的奔波和忙碌分不開的。

在考察市場的過程中，每到一個國家之前，皮爾・卡登都要與其助手、代理商精心研究該國的文化背景、消費水準、市場潛力等諸多問題，每次討論中，他都不厭其煩，絕不輕易放過任何一個問題。

年逾古稀的皮爾・卡登以其驚人的充沛精力投入自己產品的銷售策劃之中，他常常夜以繼日地工作，部下們也被其所感染，「卡登作風」也成為「卡登帝國」的工作指導原則。對此，旁人無不佩服和驚訝。了解了幕後瘋狂拚命的工作作風，就不難理解「卡登帝國」稱謂的內在含義。

皮爾・卡登具有藝術家的超前意識，對此，做事處處都愛先行一步。除了其服裝設計領域方面早有服裝的「先鋒派」之稱外，在其他商業方面也是如此。

他是個很有遠見卓識的企業家，在經營上總比別人棋高一著，先行一步。在經營目標中也似乎沒將賺錢多少作為重點，所以他的經營很難看到斤斤計較，這種大度的經營作風為他打開世界市場掃清了障礙。

皮爾・卡登公司每年賣出的設計草圖就以千計，而大部分細部設計則交給得到商標使用權的各地商人，用他們的思想去根據當地的實際情況通盤考慮。而皮爾・卡登只掌握授權公司百分之四至百分之十的股份，這就使得他的服裝設計更容易走向市場。他的聰明才智就是透過這種方法把自己的名字推向時裝界、歐洲以至全世界。

「馬克西姆」是巴黎餐廳業的一塊金字牌。原來只是對少數人開放的俱樂部的高級餐廳，在近年法國經濟衰退的情況下，馬克西姆生意清淡，門可羅雀。

皮爾．卡登購得這塊金字招牌的專利權後，很快把它的高級餐廳改為大眾化餐廳，又先後在東京、墨西哥、新加坡、布魯塞爾以及紐約、洛杉磯、芝加哥等著名城市建立馬克西姆餐廳，使瀕臨倒閉的馬克西姆餐廳業重新恢復了生機。

一九八三年，皮爾．卡登繼在北京設立時裝陳列室和舉辦時裝展覽會後，又在北京開設了馬克西姆、美寧餐廳。馬克西姆餐廳以高雅豪華吸引在北京的外國人士，而美寧卻以物美價廉接待四方賓客。這種多方位的經營思想正體現了這位企業家的精明與遠見。

皮爾．卡登在企業管理經營方面亦奇招迭出。

他首先在法國倡導轉讓設計和商標、利潤提成百分之七至百分之十的經營方式，打破了服裝行業經營長期一成不變的呆板局面，繼而推動了法國服裝產量的增長，並且將法國服裝設計藝術推向一個高潮。

皮爾・卡登的經營方式及設計成果不僅在本公司得以承認，還可以直接變為金錢走向社會。尤其是現在的法國，皮爾・卡登的這些辦法早已被廣泛採用，並為法國時裝業注入了新的生命力。

連接和平的紐帶

卡登先生不滿足於他在專業和商業領域所取得的成就，一直致力於透過各種社會活動達到增進各國人民的文化交流、建立友誼關係，從而達到各國人民、各種文化和平共處、互相借鑑、共同發展的目的。

皮爾・卡登從一九五七年開始，就連續造訪剛剛走出戰爭陰影的日本，至今他已訪問過日本幾十次，深深受到日本人民的愛戴。

蘇聯、越南、古巴、利比亞等尚未完全對外開放時，他就到訪過這些國家，作為民間外交家，發揮了職業外交家所無法造成的作用。他同以上許多國家的政府要人、政界名流、實業界大亨和藝術泰之間有著直接聯繫。

而這些對外聯繫並未借法國政府之手，都是他個人開展的。因此，聯合國教科文組織在一九九一年二月聘任皮爾・卡登為名譽大使，除了負責處理蘇聯切爾諾貝利核電站事故外，還負責做國際間的容忍工作。

所謂容忍是指各國人民不分種族、財富、教育、性別、文化、宗教等差異，互相包容差異，平等相處，共同發展。皮爾・卡登親自設計了五色容忍旗幟，並在中東等地升起，以呼籲人民具有容忍精神。

可以想像，這些舉措對處於戰火中、熱切渴望和平的人們將是怎樣的慰藉。卡登先生還非常熱衷於支持藝術家，一九七〇年他在法國總統府隔壁開辦了卡登文化中心，為年輕有為的藝術家提供登台的機會。

例如，俄羅斯芭蕾舞藝術大師瑪亞普利采斯卡亞、加拿大籍歌星席琳・迪翁、越南畫家丹尼爾・尤、中國畫家鄧林等，都得到皮爾・卡登的幫助。有一年冬天，中國文化節也在那裡舉辦畫展。

卡登先生還兼任了環地中海國家理事會祕書長的職務，他也發起了拯救威尼斯和長城的拍賣活動，他目前正組織國際力量重修埃及亞歷山大燈塔。總之，目前各種社會活動占去了卡登先生的很大一部分精力，他亦樂此不疲。

後來，法國總統、義大利總統和日本天皇分別向他頒發勛章。他在國外的公務活動，幾乎都受到國家元首的接見，他走到哪裡，哪裡就要紅毯鋪地。

時裝表演是從西方引入中國的，具體一點說，也就是皮爾・卡登帶進來的。現在，一提時裝表演，人們似乎就會看到舞台上婀娜多姿的模特兒，五彩繽紛的時裝，聽到一陣陣熱烈的掌聲。殊不知，萬事開頭難，當社會上還在批判奇裝異服的時候，皮爾・卡登不可避免也成了一部分人攻擊的對象。

然而，極富冒險精神的皮爾・卡登不會為此所累，任何具有挑戰性而且大膽的計劃一旦在他的頭腦中構思成熟後，他會不惜任何代價將其變為現實，並精心策劃，付諸實施。當初，萌發開拓中國服裝市場的想法時就有人出來勸阻他：

「中國實行共產主義，你代表資本主義，兩者合作是不現實的。」

皮爾・卡登斬釘截鐵地回答：「法國人是人，中國人也是人，人民之間沒有理由不進行交往，我對中國充滿信心。」

皮爾・卡登還曾說：「我第一次來中國搞服裝展示會時，中國剛剛開放，還處於困難時期，法國駐華大使認為與中國發展外貿關係不可能有前途，但是由於我對中國傳統的了解，我覺得中法文明有著共同之處，我堅信中國老百姓一定會喜歡上我設計的服裝。」

事實證明，皮爾・卡登的確有著敏銳的市場洞察力。他之所以能成為超級大師，能在中國取得如此大的突破，是因為他從不受政治形勢和意識形態的束縛。

一九八九年，一些法國企業停止了與中國的業務往來。而皮爾・卡登的態度非常明朗：不介入中國政治，法國人沒有理由向中國發號施令。他於一九九〇年十一月在北京勞動人民文化宮舉辦了大型時裝展示會。北京又一次為中法藝術同台交流提供了盛大的舞台。

皮爾・卡登帶著對中國的熱愛，在全面而深入地了解了這個民族之後，他便開始一步步向中國推進，力求多方面與中國合作。

《崔斯坦與伊索德》是皮爾・卡登的床頭必讀之書，他對它一直情有獨鍾，而這部不朽之作也一直是他的靈感之源、事業之基。早在一九六〇年代，皮爾・卡登就以此為題材拍過一部電影。不久前，他又推出一款崔斯坦與伊索德香水。

此後，順理成章，皮爾・卡登又花費大量資金，將《崔斯坦與伊索德》搬上舞台，製造出一部音樂戲劇形式的新《崔斯坦與伊索德》，在全新的時代背景下，以一種全新的方式來闡釋這個古典愛情悲劇。

《崔斯坦與伊索德》原本是一首產生於十二世紀中葉用羅曼語寫就的詩篇。這一古老的西方神話，在歐洲廣為傳誦，與《羅密歐與茱麗葉》並稱為西方的兩大愛情悲劇。

音樂、歌唱、舞蹈在這部皮爾・卡登出品的戲劇中天衣無縫地融為一體。音樂通俗上口，旋律優美，樂隊演奏出神入化；男女主演索拉爾和瑪佳麗的嗓音純淨透明，猶如天籟之音；舞蹈則是摻雜了搖滾、少林功夫、中國驚險雜技以及芭蕾的全新形式。原籍越南的世界級繪畫大師姚丹尼設計的舞台布景空靈虛幻，宛若仙境，更渲染了戲劇的神祕和悲劇色彩。皮爾．卡登為此劇親自設計的服裝美輪美奐。

東方情調——少林功夫、雜技與西方色彩——芭蕾、音樂在神話音樂劇《崔斯坦與伊索德》中水乳交融，讓人們體會到多元文化濃厚醇美的非同一般的美妙滋味。

這部劇在法國國內演出以後，第一次出國演出，卡登先生選擇了中國，選擇了北京。有人說，中國人也許是除了法國人自己之外最能理解法國人的國度，這也就是卡登將此劇的國外首演放在中國的原因。

作為原版的歐洲音樂劇，這也是第一部來華的作品。

關於《崔斯坦與伊索德》的故事，雖然版本眾多，但由皮爾．卡登出品的這一版本絕對是最時尚、最前衛、最別緻、最華美的。

二○○二年四月二十二日，《崔斯坦與伊索德》在北京保利劇院上演，中國是該劇世界巡演的第一站。這不僅是歐洲音樂劇第一次原裝到京，時裝大師製作音樂劇也引發了人們的好奇。

上演的前幾天，一家報紙透過傳真，採訪了正在巴黎忙碌的皮爾・卡登先生，他對這部作品給予了詳細而又充滿熱情的闡釋。

問：什麼原因促使您產生了製作《崔斯坦與伊索德》的想法？什麼時候將它付諸實施？

答：我始終非常熱衷於演藝事業，曾經想成為一名演員，因此在巴黎設立了皮爾・卡登藝術中心，我在中心製作的第一個作品就是以《崔斯坦與伊索德》為題材的電影，也一直想把這個故事再編成一台音樂劇，因為我想以這個非常純潔的愛情傳說來抨擊目前音樂劇市場中的暴力和色情。

問：您對愛情怎麼看？

答：愛情是生命中最美麗的感情，我們可以為它做任何事情，它是我們生存的最美麗的原因。

問：您親自為此劇設計服裝，您設計的主導思想是什麼？

答：我主要是想設計一些現代的超前的服裝。此劇的服裝是既現代又符合劇情的。

問：您聘用了一些武術演員在此劇中擔任角色，武術可以和音樂劇相融嗎？

答：當然，武術和音樂劇是兩種完全不同的藝術，但在此劇中，中國功夫演員將扮演士兵、崔斯坦的武士，沒有任何演員比中國的武術演員更適合這種角色，可以與他們媲美，而且，如果沒有這些功夫演員，我就不會投資製作這台音樂劇。

問：您為什麼選擇中國作為此劇世界巡迴演出的第一站？

答：選用中國的武術演員，使此劇成為一部法、中交流的劇目。把中國作為第一站，是想表達我對這些功夫演員的尊重、我本人對他們在此劇中表演的賞識，而且我個人多年來與中國政府及人民結下了深厚的友誼，《崔斯坦與伊索德》是法、中文化結合的象徵。

問：此劇世界巡演的計劃是什麼？

答：中國之後，緊接著是日本、俄羅斯，接著是巴西、阿根廷、墨西哥，當然還有德國、洛杉磯、紐約等歐美國家和城市，實實在在地在世界巡演。我認為，這是一部適合所有年齡、膚色、層次觀眾的劇目。

在該劇即將上演之際，皮爾・卡登又一次來到了中國，做客新浪聊天室，從皮爾・卡登的侃侃而談當中，我們領略的不僅是這位世界級的時裝大師對東方古國的款款深情，更多的是皮爾・卡登那份濃得化不開的藝術情結和卡登王國的品牌魅力。

主持人：今天我們非常榮幸請到了世界級的服裝大師皮爾・卡登先生做客新浪網嘉賓聊天室，現在請皮爾・卡登先生向網友問個好。

皮爾・卡登：各位網友大家好！對於我來說，能夠上網回答各位的問題，是非常有意思的一個體驗，我參加過無數次的記者招待會，但是在網上次答各位的問題，我是第二次。互聯網是一個非常適合年輕人的聯繫手段，我也希望透過這樣一個手段，來滿足各位的好奇心。

網友：您做過最有成就的事是什麼？

皮爾・卡登：我最高興和自豪的一件事情，就是在三十五年之前，我所設計的那些宇宙風格的服裝，那些風格現在才開始在全世界流行起來。

網友：請問成功對於西方人來說是什麼含義？

皮爾・卡登：如果講一個音樂劇成功的話，那就是它優美音樂的創作、它的舞蹈、它的背景等各項因素和諧地融在一起。

網友：在東方文明中，自然、和諧是最高的追求理念，請問您對此有什麼看法？

皮爾・卡登：和諧就是完美，就是思想和行動、理念和事實之間協調得最完美的狀態，這種和諧也是我們追求的一個目標。

網友：請問您保持健康的祕訣是什麼？

皮爾・卡登：最大的祕訣，在我看來就是工作，我工作的時候投入了很大的熱情，我認為工作是保持人青春的最重要原因。

尤其幸運的是，我的職業是有交流機會的職業，是一個並不重複的職業，是一個不斷創新的職業。這樣有很多的機會到國外去，有很多的機會見識新的東西，有很多的機會拍照片、面對新聞界等，這都是我的幸運之處。

網友：您覺得什麼是潮流、什麼是時尚、什麼是最時髦的？

皮爾・卡登：所謂流行，就是掌握時間火候的問題，就是對於過去已經存在的事物，進行永恆不間斷的否定，就是要永遠帶來新的東西。當然，流行的東西來得太早也是不對的，來得太晚也不對，真正的流行就是來得正好的時候。所以任何時髦都是跟時代聯繫在一起的，所有的時髦都是不斷地更新，所有的時髦都會在明天變得不時髦。與它相對應的「優雅」倒是一個永恆的價值觀點。但是，優雅和時尚、流行沒有必然的聯繫。

網友：您覺得中國時尚嗎？

皮爾・卡登：我認為現在中國的時裝已經很國際化了，要真正看一個國家所謂流行的辦法，就可以到街上去，大家可以看到中國人在街上穿的衣服，已經跟西方人穿的衣服很接近了。

網友：我們都知道您很喜歡中國，那在中國有沒有對您很重要的人？

皮爾・卡登：很遺憾，我所欣賞的人只能在我所接觸的人當中進行選擇，我沒有接觸到的中國人裡，肯定還是有無數的非常值得欣賞和尊敬的人。我選擇用人的標準就是他們的能力，我就是透過人際關係的接觸，發現他們的價值。有一句諺語叫「物以類聚、人以群分」。

網友：請問您對網路的看法是什麼？

皮爾・卡登：我對網路的感覺是非常神奇、非常新鮮的，今天是我第二次和網路直接的接觸，我在這裡面對攝影機的鏡頭說話，我也不知道我自己的表現如何，我自己是否表現自如，我也不知道你們的感覺如何，總之我自己的感覺就像對著一個空屋子講話，而實際上各位都在看著我，聽我講話。

網友：您能談談對未來時尚的看法嗎？

皮爾・卡登：將來的時尚，永遠會保留著一種神祕感，使將來的時尚更美好。

網友：您可以說跟中國的時尚發展是同步的，請問您在中國時尚發展的十年中，有沒有印象特別深刻的事情？

皮爾．卡登：在服裝這個行業裡，對於歐洲人來說，中國始終是一個令人嚮往的地方，從古代開始透過絲綢之路，大家都知道這個故事，一千克絲綢的價值就等於一千克的黃金，那個時候中國透過絲綢之路，把自己的絲綢出口到歐洲，也就是說從那個時候，歐洲人對中國的面料和紡織就有一種嚮往。

在今天，我透過這些年多次的參觀和訪問，我了解到中國服裝行業也是在非常迅速地發展，我可以這麼說，中國的紡織行業不僅擁有今天，它更擁有未來。

網友：您是否認為您的服裝已經發展到極致，才轉向音樂劇？

皮爾．卡登：這主要是一個興趣廣泛的問題，我實際上一直沒有間斷從事服裝設計，這是我幾十年來一直從事的職業，只是這些年我的興趣越來越廣泛，我在做服裝設計的同時，對戲劇感興趣，還有對電影以及其他的許多藝術形式都感興趣。這也是一個年齡的問題，到了我這樣一個年齡，我就可以把自己的興趣關注到更多的地方，在有生之年，完成自己各種各樣的夢想。

網友：今年的世界盃馬上就要開始了，您關注世界盃嗎？如果法國得冠的話，您會如何慶祝？

皮爾・卡登：當然，我會很高興，我想每個民族的人都希望自己國家的足球隊獲勝，無論是法國獲勝，還是義大利獲勝，你們知道，我是在義大利出生的，我都會很高興，但是假如我是一個中國人的話，那麼我當然會更希望中國隊奪得世界盃的冠軍。

主持人：今天的聊天就要結束，請皮爾・卡登先生最後向網友說兩句話，您也可以介紹一下您即將上演的音樂劇。

皮爾・卡登：我很高興和大家一起度過這一個小時的時光，我也很高興回答大家的問題，我在這裡特別感謝為這次網上採訪作出貢獻的技術人員們，是他們使得我們能夠透過這個神奇的工具來進行交流，也許我們下一次在網上還能夠見面。謝謝。

永遠的時尚老人

皮爾・卡登，這名字本身就是一部傳奇，一個神話，在世界任何角落都不會有人感到陌生。時裝設計師、香水製造者、商人、餐飲業老闆、文藝事業資助者、院士、聯合國教科文組織名譽大使……希望在自己涉足的每個領域都獲得成功的他確實取得了驕人的成績。

總是走在時代潮流前面的皮爾・卡登，堪稱時尚先驅和前鋒。他喜歡挑戰和競爭，他永不守舊，也永遠不會落伍。

冷戰期間，皮爾・卡登就在莫斯科紅場成功舉辦了一場時裝表演，令前來觀看的二十多萬莫斯科市民如痴如狂。這位舉世聞名的藝術大師從來沒有忘記隨時代而動，始終在時尚中游弋。

二〇〇二年，由皮爾・卡登中國公司主辦的一台名為《雲裳》的時裝舞台劇在上海大劇院隆重上演。這是一場突破傳統的時裝秀，它將時裝與音樂、舞蹈、戲劇、武術、電影等多種藝術門類相結合，淋漓盡致地再現了服裝文化的深刻內涵。

整台演出在序篇《遙遠的年代》中開場，兩個穿著溜冰鞋的小精靈在場內來回穿梭，引領著觀眾在時空隧道中追溯泱泱大國華夏五千年的歷史文明。觀眾跟隨精靈到達的第一站就是充滿著華貴與精緻的清代。

《錦繡梨園》中的模特兒們穿著旗袍踩著電影《末代皇帝》的樂點展示著國服的優雅。接著映入眼簾的是一幅象徵著明朝的《日月生輝》圖，明朝服裝那種纖細和柔美與少林武術的陽剛之氣交相輝映，產生出強烈的視覺衝擊。

萬馬奔馳在草原上，悠揚的號聲響徹在茫茫大漠。元朝服飾展示的那種粗獷和豪放，讓人情不自禁地聯想起王維的詩句「大漠孤煙直，長河落日圓」的意境。蘇軾《水調歌頭》的空靈也是宋代服飾所要表達的主題。

一曲《天上人間》把人的思緒拉到了遙遠的廣寒宮，讓人慨嘆眼前模特兒的表演，真是此景只應天上有。「雲想衣裳花想容，春風拂欄露華濃」，唐朝著名詩人李白的詩句是整台服裝演出的靈魂。

盛唐大氣與雍容的服飾對於今天的人們仍有著強烈的震撼力。當滿台輝煌的燈光亮起、模特兒們如蝴蝶般展開唐裝時，在場的每個人都為那強盛與瀟逸的服飾精神所折服。

時空又一下子轉到了未來。由皮爾・卡登提供的一百套經典服裝精品在陳娟紅、程峻、趙峻、胡東、郭樺、穆江等中國超級模特兒的演繹下成了流動的雕塑，在觀眾席中穿梭。

皮爾・卡登先生特地從法國趕來，走上舞台向中國的觀眾致意。他說，服裝不僅是流動的雕塑，更是流動的歷史、流動的文化。中國的服飾文化給了他無窮的創作靈感，希望這場多媒體中國傳統服飾展也能在這裡得到中國觀眾的喜愛。

皮爾・卡登在時尚界可謂聲名顯赫，這個創造價值數十億歐元時尚王國的主人是那麼的非比尋常，在服裝時尚上更是堅定的未來主義者。

當與他同時代的聖羅蘭先生已經作古時，卡登先生還是一如往常的開朗與平和，即便已經八十七歲高齡，他還堅守在工作崗位上，二〇〇九年，更是在里維埃拉的坎城一口氣推出了全年四季的服裝發布，這使他似乎已經淡出人們視野的服裝產業再一次回到了最前沿。

皮爾・卡登接受了著名的男性時尚雜誌的專訪……

問：卡登先生，您認為您是天才嗎？

答：不，在死之前，誰也不能被認定是天才，我只是非常努力地工作，並且富有創新精神罷了。

問：年齡的增長會讓您感到恐懼嗎？

答：對我來說，為這個問題感到苦惱似乎太晚了些。去面對吧，我還是很現實的，我周圍的人在談及這個問題的時候都會很小心，但我並不會出現太多錯覺。我清楚地知道，活到今天，我隨時有可能去的地方只有一個，就是那個地下六公尺的地方。

一直以來我都時刻保持警惕，並且精力充沛，即便我不再像過去那樣能夠一躍而過一堵牆壁，但我還會和其他的一些老小孩一樣地自在生長。知道自己時日不多總不是那麼讓人痛快的一件事，但我不會像其他人一樣地坐以待斃，我很忙，根本沒時間坐著去怨天怨地。

我熱愛我的生活，並且慶幸自己現在的身體還算好，思維還算清醒，還有體力來往於世界各地，並且經營著自己的生意，當我確實不行了的時候，我就會退下來。這就好像是油畫舊了總會褪色，而畫家的手藝依舊不減當年一樣的道理。

問：你最為哪一項成就感到自豪？

答：我可不想聽起來像個社會學家，但我所自豪的的確是我讓那些高高在上的潮流從高級的沙龍裡走到了大街上，人們很快就已經可以區分出哪些是奢侈品而哪一些是本土設計。在我創業早期，我就有足夠長遠的眼光去看到，當女性走入職場，男人們就要花上更多的錢了。這就是為什麼我著手製造成衣，因為只有這樣才應了這新時期女性的需求。這是一場硬仗，當一九五九年我第一次做新品發布的時候，時尚產業似乎被大眾所不齒，而我也感到了些落寞。

問：一九六六年，您有點古怪的小宇宙設計產生之時，是否因為有一些不對頭的事情發生呢！

答：不，我不吸菸不嗜酒，也不濫用藥物，從沒有過，也不會發生。一九六〇年代的設計讓我產生的幻覺並不比其他人強多少。對於小宇宙的設計來源於我寬闊的對於科技和現代發明的視野，太空人和衛星應當成為一九六〇年代的潮流，因為我總想著，住在月亮上的人們就是該穿成這樣的。

問：您是第一個有想法將外太空的思路引入服裝的嗎？還是有誰逼著您走上了這一步？

答：我和我的幾個對手都想到了在這個瘋狂的太空年代這一主題。其中有人總是用保守的短襯衫來展現，而我卻決定做得更現代一些，人們經常會忽視這個宇宙概念的設計花費了多少心血，需要多大勇氣。

問：是不是正是這件事讓你在大家心目中留下了自大狂的不好印象？

答：時不時地讓人們換換腦筋是很重要的，不然時間一長人們就會忘記我。但我覺得，世事就是這樣的。聖羅蘭對我走下坡路要負上很大責任，他熠熠生輝的職業生涯、常青樹般的姿態和他傲人的天賦真的讓我感到危機。

問：你試圖嘗試一切東西，從沙丁魚罐頭到醫院用的整形椅的這種做法會不會對你的品牌產生影響呢？

答：當然，這是不可避免的。我必須在心中牢記，無論如何，如果我沒有能夠得到這種種產品授權製造的執照，我一定就不會成為今天的我了。我記得一度人們在說，兩年之內我的店鋪就會關門大吉了。可四十年之後，我依舊是這個國際化企業的所有者。那些不懷好意地對我總是持否定態度的人們現在已經不會再出現在我身邊說這說那了，你說，這樣一來，我們到底誰錯誰對了呢？

問：誰是您一生的最愛呢？

答：安德利・奧利弗。我們是近二十年的搭檔，而且他永遠是那麼出色，除他以外我沒見過更加優秀的人了。對於他我是百分之百的敬仰。他與各種各樣的人打交道，輕鬆得就好像眨一眨眼睛。他並不是想透過社交獲得什麼，也不是貪婪的掘金派，更不會對誰屈顏附和。人們總想靠近他，就好像曲別針靠近磁鐵那樣似的。他有很多優秀的品質，總是衣著乾淨，和藹可親，說起話來條理清楚，溫文爾雅，甚至有的時候會過分的慷慨。他的幽默感也是獨一無二的，無論說些什麼，他都能逗得身邊的人們笑得開懷。

問：一九九三年他去世的時候您是怎麼過來的？

答：我那一陣真的是極度的失落，實話實說，我幾乎一直就沒能痊癒。

問：您是怎麼看您身後的皮爾・卡登的整個產業的前景的呢？

答：我覺得一點問題都不會有的。迪奧先生四十年前去世了，但到現在他的生意還是極具競爭力的，我現在還在經營著自己的產業，包括我的劇院、餐廳，我的地產業等，我不太喜歡委託於人，我甚至連個顧問團都沒有，因為我實在不願意浪費時間和金錢在毫無意義的中間人身上。當出現什麼問題的時候，我就去解決，當需要付帳的時候，我簽單就好。我從不需要一系列指導，開各種各樣的會議去幫我做什麼決定。

問：你覺得在你的整個創造性的產業中，哪一位設計師占據了舵手的位置，幫助您走到今天的成功呢？

答：我有一個由四個人組成的小團隊，都是非常出色的專家級設計師，我們一起工作了三十多年了。

問：您算得上是法國最富的人之一了，金錢真的能買得到幸福嗎？

答：當然會有些幫助，沒有錢，我就不能向大家展示自己了。

問：因為有些吝嗇，您這位商界大亨的名聲似乎並不太好了？

答：我其實並不是那麼吝嗇的，如果有錢人有了吝嗇的名聲，多半是因為他們過分看重了手中的財富，當我一九八一年買下馬克西姆的時候，我真的被當時瓶裝水的價格嚇壞了。當時我就有感覺，這種液體黃金一定能夠成為發財的又一通道。接著我就在佛羅倫斯開了自己的瓶裝水工廠。不用說，我又笑到了最後。

問：您還在準備出手您的產業嗎？

答：是的，我們正在一個關鍵的時刻，但是在這個經濟不景氣的時候，似乎不太容易。我們的要價是十億歐元，但如果未來的某位買家沒有這麼多的資金，那麼這就是他們的問題了，與我無關。

問：那些另外的法國奢侈品集團，LV、古奇等表達過想要收購的意願嗎？

答：沒有，我大概嚇壞他們了。總體說來，奢侈品的現狀還是很焦灼的。實際上，我的公司現在的財政狀況很好，我們的銷售數字直線上升，忽略掉頹廢的經濟大環境，去年的結果也還是很令人滿意的。

問：奢侈品行業會對同時代的潮流產生什麼樣的影響呢？

答：時尚設計師分為兩派，一方面，有一些有才華的年輕人有極強的爆發力，他們的設計很有市場；而另一方面，有些人會很有商業上的悟性，他們對款式、搭配文化很敏感，能夠從電影，甚至跳蚤市場、學院派設計師的卷宗中得到屬於他們自己的靈感，這是我永遠都做不到的。當我一九五四年推出了泡泡裙的時候，相信我，一定從沒有人見到過類似的東西。

問：你有沒有後悔的事？

答：為已經灑了的牛奶哭泣是不值得的，但這並不是說我從未犯過錯誤，確切地說，我曾經放棄了斯沃琪的手錶執照、哈金森的鞋業執照，還有一個很好的仔褲執照。那時，我的商業顧問警告我，我們的其他的許可在當時的市場條件下可能不是很有利，牛仔設計那時已經是商業上人人覬覦的一大塊肥肉，而我肩膀上又還扛著不少別的生意，就這樣我放棄了。事實再一次證明，這錯誤的決定是他們犯下的，與我無關。

問：你並不為沒有自己的孩子感到遺憾嗎？

答：哦，是的。過去我和女友在一起的時候，我們試著去生一個孩子，但很遺憾沒能成功。我也曾經想成為一個孩子的養父，兩三個也沒有問題。如果是那樣，其實我只是為了找個繼承人罷了。

實話實說，我的生意就好像是我的孩子似的，在這種意義上講，我一定是一個模範爸爸，養育孩子，看著他成長，日日如此，六十年如一日。

問：你想對四十年前說你只是個短命的生意人的那些人說些什麼呢？

答：我說什麼？街頭畫家和大師之間的差別就在於只需一眼，你就能看出哪個是大師的作品。在時尚圈，我就已經達到了這樣的境界，你不用去看標籤，就能知道，這件裙子是卡登的！

「我依然站在最前沿。」皮爾・卡登說。

二〇一〇年九月二十九日，八十八歲的皮爾・卡登又一次站上了巴黎時裝周的伸展台，這距離他上一次舉行發布秀已經過去了整整十年。這一年，這位太空風格時裝的開山鼻祖迎來了他的品牌六十週年大慶。

不過，呈現在觀眾眼前的並不是一場經典回顧秀，因為，他迫切想向世人證明，即便到了八十八歲高齡，自己依舊站在時尚的最前沿，「現在的年輕設計師還沒有我前衛呢！」他在發布秀前揚言道。

當大多數設計師都還在自己的沙龍裡辦秀的時候，皮爾・卡登就率先把秀場搬到了劇院甚至露天場地。可是這一次，這位曾在戈壁沙漠上辦秀的設計師卻返璞歸真，選址於他的巴黎藝術空間，在這個簡潔的白色秀場上，衣服才是主角，而非那些附加的戲劇化元素。

「我畫設計圖非常之快，一個小時就可以畫一百張！」老先生的這句話或許有點兒誇張了，但是，他的創作活力確實毋庸置疑。他在之前自己的二〇一一年春夏服裝發布秀場上一口氣推出了一百五十件男女服裝，而這個系列的款式總數更是多達三百件。

看皮爾・卡登的服裝秀總是像經歷一場時間旅行。服裝大膽運用了粉紅、銀色、紫色、橙色、綠色等各種色調，並充分展示了其設計中多元組合的特色，你可以看到太空時代的緊身衣、猶如童話中新娘的長裙、超大鐘形帽子、橡膠珠寶等。搭配運動風格的太陽鏡，好像科幻片中走出的高科技戰士，而男女模特兒手牽手出場的方式，更增添了趣味性。

皮爾・卡登仍然有一顆年輕的心，他將科幻主義風格與一九六〇年代復古風格一起呈現，鮮豔的色彩與誇張的造型仍是不變的皮爾・卡登特色。

坐在台下的那些觀眾，有幸穿越至過去，親眼見證舊照片和教科書上那些激動人心的一九五〇年代和一九六〇年代的摩登風格：幾何廓形、創新的合成材料和大膽用色——從布滿彩虹色亮片的管式裙到海棠色、巧克力色、電藍色的大斗篷到讓人聯想起太空人裝束的雕塑感男裝，再到誇張的棒球帽和直指天空的毛氈禮帽。

「可能唯有一個剛剛走下太空艙，正要奔赴銀河系中某外星球衣服店的男人，才敢穿上這樣一件帶有大堆圓形裝飾物和超寬肩線的緊身長上衣。」《國際先驅論壇報》的資深時尚評論家蘇西・門克斯說。

以她為代表，觀看這場秀的觀眾的平均年齡要比同等規格的其他時裝秀略高出一截。當設計師登台謝幕時，他們報以最熱烈的掌聲，「獻給這位開創了至今仍獨樹一幟的鮮明風格、啟發了一代又一代年輕設計師的男人。」蘇西這樣寫道。

然而皮爾・卡登並不滿足於懷舊的共鳴，正如他所言，這不是一個懷舊的系列，他對品牌風格進行了重塑。

「我設計的洋裝從十八世紀風格中獲得靈感，但它們異常摩登，你可以輕而易舉地將它們放進手提箱裡，一點也不占地方。」但同時他也表示，自己不會對每一季的潮流亦步亦趨。他把自己比作一個畫家或是作家，喜歡放慢步調。「每三個月就革新一次的風格並不會增加顧客的興趣。我的顧客都熱愛旅行，對她們而言，季節性沒多大意義。」

目前，皮爾・卡登的巴黎旗艦店裡不出售任何成衣，只展示高級定製服，他擁有約一百位忠實的高級定製顧客。顯然，這與家喻戶曉的皮爾・卡登品牌形象大相逕庭。

早年成功搶灘美國和中國兩個巨大市場，推出大量授權產品的他雖然賺到了很多錢，卻也付出了相應的代價。他坦言，那些掛著他的名字，卻保守過時、迎合中產階級趣味的男裝，讓他感到無地自容。

前些年，皮爾・卡登一直忙於從一些投資者手裡買回自己的商標權。本月，他打算在紐約再辦一場秀，目的也是為了在美國市場重塑形象，讓年輕顧客認識真正的皮爾・卡登。

對於他有意把公司賣掉的傳聞，他表示，「免不了會有這一天，但是它不會從我手裡賣掉，現在還沒到時候。」同時，他也絲毫沒有退休的打算。

「我會堅持到最後。」他說，「我是巴黎高級藝術學會的成員，法國的文化交流大使，還是一個劇場製作人，但是時裝設計師這份事業能給我帶來最大的快樂。」

皮爾・卡登說：「我的目標是提高品牌在美國市場的銷售額，同時我也要在青少年中打響知名度。因為我沒有大量的新聞報導，所以年輕人並不知道我是誰，但是我想告訴他們我依然年輕前衛，向他們推出我的原創設計。」

皮爾・卡登最近還為當今最紅的歐美流行音樂天后設計了服裝，他說並不覺得有必要聘請年輕的設計師來重新振興自己的品牌。

他說：「我覺得自己的心態非常年輕，現在的年輕設計師比我前衛很少，我現在狀態很好，我依然每天都工作。」

人間處處有「卡登」

進入二十一世紀，皮爾・卡登已在全球授權八百四十多家公司掛他的名字，遍布一百一十多個國家，有五百四十家工廠直接或間接為其工作，受他影響的人，超過幾百萬。每年全球行銷的「卡登」牌產品，銷售額都在數十億美元以上。

他在全世界有二十個時裝店、六個陳列館；在七個國家為他的一百五十多種商品獲得了三千五百個許可證。此外，他的五千多家售貨店已遍布於全世界，僅巴黎一個城市就有兩百八十家之多。

皮爾・卡登及其時裝，不僅對人民大眾而且對達官顯貴都有征服力，不僅在世界四大時裝中心：巴黎、米蘭、紐約和東京有著巨大的影響，而且在第三世界，如南美、中東、東南亞諸國也占有廣闊的市場。

競爭激烈的歐美市場，閉塞而且「油水」不多的亞洲市場，開展業務都是有很大困難的，皮爾・卡登不僅排除困難，並且在世界市場上扎住了根。皮爾・卡登先生以精湛的時裝藝術的魅力贏得各國人民的喜愛，皮爾・卡登品牌時裝則以精良的做工和考究的款式贏得了各國消費者的嚮往。

從一九八三年九月，馬克西姆餐廳在北京正式開張營業，標誌著皮爾・卡登邁開了在華夏開辦實業的第一步起，三十多年來，皮爾・卡登在中國的北京、廣州、天津、瀋陽、哈爾濱、上海、成都等地開辦了數十家專賣店和數家馬克西姆餐廳，並逐步把在中國的經營模式推向世界，皮爾・卡登的品牌聲譽在世界日益深入人心。

皮爾・卡登靠他的藝術、他的服裝設計，為他後來巨大的事業打下了基礎，但廣為人知的另一點是，他還擁有一顆一般服裝設計師所沒有的靈活精明的商業頭腦，藝術與商業這兩個不同領域巧妙地融為一體，分析原因，可能與他的經歷有關。

他沒有上過法蘭西藝術學院，也沒在巴黎大學經濟系就讀過。從就學那條路上走過來的皮爾・卡登，就不會是今日的皮爾・卡登了，要麼只是一位藝術家，要麼只是一位企業家。

他說，「皮爾・卡登」一誕生，便不是法蘭西的民族服裝，而是一種跨越國界和人種的國際性服裝藝術。所以「皮爾・卡登」不僅屬於法國，也應該屬於世界。

每到一地，皮爾．卡登便舉行時裝表演，組織新聞發布會，參觀工廠，到高等學校主持時裝潮流趨勢演講會，普及時裝知識，主動接近政府要員……每件事他都親自去做。

他馬不停蹄地奔走在世界各大洲之間，無論是發達的國家，還是發展中國家；無論是泱泱大國，還是名不見經傳的小國，他都不受政治的影響及外界的約束，在這方面他天馬行空，特別瀟灑。

正如他自己所說的那樣：「我不想當精英，只想受大眾的擁戴和歡迎。我的商標就是我的簽證！」

一九九四年，在越南首都河內舉辦了一場皮爾．卡登時裝表演，為了看這場演出，居然有兩千多位觀眾一把掏出幾個月的工資買一張演出票。當卡登走上台致謝時，他得到了前所未有的瘋狂掌聲。

當晚，整個河內沸騰了！

位於法國普羅旺斯區西部的小山村拉科斯特成為皮爾・卡登用十年傾力打造的最新作品。

自二〇〇一年起，皮爾・卡登便開始不遺餘力地將這個偏遠的小山村打造為「文化界的太陽城」，迄今為止，其名下物業已超過四十套。錯落有致的畫廊、餐館、咖啡廳、雜貨店，翻修一新的旅舍、公寓、城堡無不打上了皮爾・卡登的烙印。

據《華爾街日報》專欄作家托尼・佩羅泰特回憶，他曾在施工現場目睹皮爾・卡登與工人一道搬運沙發，這位身著淺色T恤、捲起袖管的八旬老翁看上去比實際歲數要年輕得多。

「二樓的房間已經裝修完畢！」在向托尼展示這間未來旅舍時，他的臉上帶著孩子般的歡笑。

值得一提的是，所有室內設計均是皮爾．卡登親力親為的成果，令人過目難忘。例如，每個房間均擁有不同的色彩主題——從充滿活力的亮橙色、尊貴華美的淺灰紫到靜謐輕靈的松石綠，繽紛的色調與造型大膽的漆木家具相映成趣。

房間的窗戶正對著草木蔥蘢的山谷，座落於山谷兩側的奔牛村因彼得．梅爾的散文集《普羅旺斯之一年》而聞名遐邇。當然，在皮爾．卡登眼中，只有拉科斯特才稱得上「法國最美麗的小村」。

在落成之際，托尼這樣描述自己入住的「小綠屋」：這裡有「濃鬱的橄欖綠牆紙、淺綠色的V形衣櫥以及烏亮的書桌……打開百葉窗即可遠眺勃朗峰。崎嶇的丘陵及葡萄園沐浴在春日的暖陽下，像是一個普羅旺斯式的夢」。

正如皮爾．卡登所言，他「在十年內徹底改造了拉科斯特」。在此之前，現代化一直被隔絕在這個「道地的法國小村」之外，如今，這裡有了鱗次櫛比的旅店、餐館、咖啡廳……拉科斯特在大師的點撥下已然脫胎換骨。

二〇一二年威尼斯市批准了由著名時尚設計師皮爾・卡登設計和資助的一座六十層大廈的計劃，它將極大地改變威尼斯的天際線。

這座大廈是更廣泛的改造項目中的核心工程，位於威尼斯以北開墾出來的新郊區地帶。威尼斯市市長將這個大廈形容為威尼斯的艾菲爾鐵塔，並將皮爾・卡登譽為「偉大的羅倫佐」，後者是佛羅倫斯著名的烏菲茲美術館的贊助人。

市長表示，很少能有人願意花費數十億美元來投資建造摩天樓，威尼斯需要這樣的贊助人來開墾土地，塑造新的藝術標誌。皮爾・卡登的這座建築將成為威尼斯的艾菲爾鐵塔或羅浮宮金字塔，它代表著建築和工程上的創舉。

年屆九旬，出生在威尼斯附近地區的皮爾・卡登，認為這座大廈將是他職業生涯的頂峰。

皮爾・卡登設計的大廈有三座獨立的翼狀結構，用六個圓盤樓層相連，其高度和直徑均為兩百四十四公尺，它還將包含一座飯店、室內外泳池、影院、屋頂花園、直升機停機坪和醫院等。大廈作為威尼斯的標誌性建築，將成為創意產業的聚集地，設置了時尚設計學校、展覽空間和起步公司孵化器等。

在更大範圍的開發計劃中，將建造三萬五千平方公尺的住宅，兩萬五千平方公尺的飯店和餐館，十一點五萬平方公尺的辦公室，六十公頃的景觀地帶以及十萬平方公尺的停車場。

皮爾・卡登取得如此驕人的業績，在數不勝數的世界時裝大師中，誰能與他相媲美？據說，在法國知名度排在前四位的，是艾菲爾鐵塔、前總統戴高樂、時裝設計大師皮爾・卡登和百年老店馬克西姆餐廳。

金頂針獎是法國時裝界最高榮譽大獎，對一個時裝設計師來說，就如同電影的奧斯卡金獎一樣，一個人只要有一次機會獲此殊榮，已經是無比的榮光和幸運了。而皮爾・卡登卻先後三次獲得了這項法國時裝的最高榮譽大獎。

數十年來，皮爾・卡登在國際上獲得的榮譽不勝枚舉。幸運之神彷彿永遠都在庇護著皮爾・卡登，多年來，他一直傲視群雄，飲譽世界時裝舞台。

老驥伏櫪志在千里，本應安享晚年的皮爾・卡登依然不願停下他前進的腳步！

附錄

的確，我以作為一個裁縫而自豪，我就是從一根針、一根線做起的……

——皮爾・卡登

經典故事

當代馬可・波羅

皮爾・卡登非常熱愛東方文明，他在很多場合把自己比作馬可・波羅。馬可・波羅將中國古代文明帶到了歐洲，皮爾・卡登則將歐洲的現代服裝工業——皮爾・

卡登帶到了中國。

他曾多次說，自己年紀大了，希望把公司賣給一個有才華的企業或設計師，但中國市場是個例外。因為中國的市場將是世界上最具競爭力的，卡登不希望把他三十多年辛勤耕耘的中國市場拱手讓給一個對中華文化沒有深厚感情的人。

皮爾・卡登出生在義大利威尼斯。從西方到東方，作為闖入中國時裝界的第一個外國人，他說自己的經歷就像馬可・波羅一樣。他主持排演了音樂劇《馬可・波羅》，將其作為送給中國二〇〇八年奧運會的禮物。他的這個禮物印證了他和中國難以揮別的情結。

最早的工作

第二次世界大戰一結束，二十三歲的卡登便騎著腳踏車到巴黎去闖世界，應徵於一家名叫「帕坎」的時裝店。憑著他的勤奮和靈巧，服裝設計技術提高很快。

為了進一步開闊視野，卡登又投奔由著名時裝設計大師迪奧開設的「新貌」時裝店。在這裡，卡登增長了見識，積累了領導時裝潮流的設計心得和體會，他的設計水準也得到了飛躍。

這一年，著名藝術家尚・考克多拍攝先鋒影片《美女與野獸》，邀請皮爾・卡登設計劇裝。卡登為法國著名演員尚・馬赫設計了十二套戲裝，影片公映後，皮爾・卡登設計的服裝驚動了巴黎，美譽如潮。

一九五〇年他自己開設時裝公司，製作演出服裝。三年之後，他第一次推出了自己的女裝設計。從此，依靠他的創造天才，他所設計的時裝，越來越引起上層消費者的青睞。

制勝妙招

一九五〇年代的巴黎僅有二十三家服裝企業算得上是「高級時裝」的生產商，其服務的對象在全世界也不到三千人。於是，一方面，服裝公司受市場侷限，出路越來越窄；另一方面，普通大眾卻對著高雅美觀的服飾可望而不可求。

皮爾‧卡登敏銳地洞悉了這一趨勢，勇敢地提出了「成衣大眾化」的口號，果斷地把設計重點放在了一般消費者的身上，推出一系列風格高雅、質料價格適度的成衣。

這一創舉激怒了那些守舊的同行們，於是，一時之間罵聲四起，用盡了諷刺甚至惡毒的語言，什麼「離經叛道，有傷風化」，什麼「出身低下，無錢著衣」等。

對此，皮爾‧卡登的回答堅定而有力：「我雖然是一個高級服裝設計師，但是我有一種發自內心的熱情促使自己把設計優良的服裝大眾化，讓更多的人可以買得起，穿得上。」

「我為什麼只服務於公主、影星，還有那些貴婦人，而不能為老百姓服務呢？我的願望很單純，為更多的人設計更多的服裝，又錯在哪裡呢？」

巴黎的時裝協會無言以對，卻作出了一個無言的決定：開除會員皮爾・卡登，撲滅「成衣大眾化」的革命。

皮爾・卡登被逐出巴黎時裝女服協會後，依舊執著地沿著「成衣大眾化」的方向前進，並進行了另一個革命性的創作：打破服裝業女裝設計的傳統，大膽開闢男裝設計的陣地，將烈日的光輝灑向古老的巴黎。

成功祕訣

二〇〇〇年的四月十八日，皮爾・卡登在他位於巴黎北郊的新落成的皮爾・卡登國際創作中心，度過了自己五十年的職業生涯。

五十年來，皮爾・卡登從時裝、餐飲到化妝品，構築起了一個屬於自己的商業王國。目前，他在全球九十八個地區均擁有分公司，僱員超過二十萬人。

他曾風趣地說：「我能夠喝我自己生產的酒，到我自己的劇院看演出，在我自己的餐館裡就餐，在我自己的飯店裡睡覺，穿我自己生產的服裝，用我自己品牌的香水……」

曾有人向皮爾・卡登請教過成功的祕訣，他很坦率地說：「創新！先有設想，而後付諸實踐，再不斷進行自我懷疑。這就是我的成功祕訣。」的確，從一九五九年的成衣革命，到率先給自己製作的服裝印上自己名字的縮寫字母，都無不體現著「創新」二字。

曠世之情

皮爾・卡登的商品遍布世界各地，他被譽為「全身充滿創作靈感和藝術細胞的人」。遺憾的是皮爾・卡登一生未娶，也沒有子女能接手他的時裝帝國，但他並不後悔。

八十多歲的皮爾・卡登向新聞界宣稱：他將賣掉執掌了六十餘年的時裝帝國，然後專心致力於支持文化藝術事業。回首一生他動情地說道：「除了事業，我的一生中還有兩個最重要的女人，一個是照顧我起居的姐姐，另一個就是迷人的讓納・摩若。」

皮爾・卡登與讓納・摩若相愛四十年，卻並未成婚，然而他們卻演繹了一段感人至深的曠世之情！

覺悟人生

皮爾・卡登因為家境窘迫，無法從事自己喜歡的職業。最後，在父母的安排下，進入一家裁縫店工作。

每天要在裁縫店工作十多個小時的皮爾・卡登，對這份工作厭惡極了，不僅僅因為繁重的工作所得的報酬還不夠他的生活費和學徒費，更重要的是，他覺得自己是在虛度光陰，他因自己的理想無法實現而苦悶。他認為，「與其這樣痛苦地活著，還不如早早結束自己的生命」。

就在皮爾・卡登準備跳河自殺的當晚，他突然想起了自己從小就崇拜的有著「芭蕾音樂之父」美譽的布德里，皮爾・卡登覺得只有布德里才能明白他這種為藝術獻身的精神。

皮爾・卡登決定給布德里寫一封信，希望布德里能收下他這個學生。在信的最後，他寫道，如果布德里在一個星期內不回他的信，不肯收他這個學生，他便只好為藝術獻身跳河自盡了。

很快，年少輕狂的皮爾・卡登收到了布德里的回信，皮爾・卡登以為布德里被他的執著打動終於答應收下他這個學生了，誰知道，布德里並沒有提及收他做學生的事，也沒有被他對藝術的獻身精神所感動，而是講了他自己的人生經歷。

布德里說他小時候很想當科學家，因為家境貧窮無法上學，他只得跟著一個街頭藝人過起了賣唱的日子……最後，他說，人生在世，現實與理想總是有一定的距離，在理想與現實生活中，人首先要選擇生存，只有好好地活下來，才能讓理想之星閃閃發光。一個連自己的生命都不珍惜的人，是不配讀藝術的。

布德里的回信讓皮爾猛然醒悟。後來，他努力學習縫紉藝術，從二十三歲那年起，他在巴黎開始了自己的時裝事業。很快，他便建立了自己的公司和服裝品牌，他就是皮爾・卡登。

年譜

一九二二年七月二日，出生在威尼斯近郊一戶貧苦農家。

一九三六年，十四歲輟學，在一家小裁縫店裡當起了學徒。

一九三九年，隻身一人前往巴黎尋夢。

一九四七年，在迪奧公司擔任大衣和西服部的負責人。

一九四九年，辭去迪奧公司的職務，開始構建屬於自己的設計和服裝王國。

一九五〇年，在里什龐斯街買下了「帕斯科」縫紉工廠，獨立開辦自己的公司。

一九五三年，推出第一套時裝設計。

一九五四年，在巴黎開辦「夏娃」時裝店。

一九五七年，在巴黎開辦第二家時裝店。

一九六一年，首次設計並批量生產流行服裝，一舉獲得成功。

一九六二年，擔任巴黎服裝聯合會主席。

一九六八年，為米蘭市和威尼斯城設計玻璃製品，從此開始涉足其他行業。

一九七一年，榮獲義大利「FUR」獎，以表彰其對服裝表演界作出的貢獻。

一九七四年十二月，登上了美國《時代》雜誌的封面，被稱為「本世紀歐洲最成功的設計師」。

一九七六年，在巴黎舉辦的輕工博覽會上購買一塊中國掛毯，從此奠定了與中國的機緣。

一九七七年，首次榮獲法國服裝設計最高獎「金頂針獎」。

一九七八年，以遊客身分第一次來到中國。

一九七九年，第二次獲得「金頂針獎」。同年，在北京民族文化宮非公開地舉辦了中國內地第一場「時裝秀」。

一九八〇年，舉辦了中國第一場公開的時裝表演。

一九八一年，買下瀕臨破產的著名高級「馬克西姆」餐廳。同年在北京飯店進行服裝展示，用的大部分是中國模特兒。

一九八二年，第三次獲得「金頂針獎」。

一九八三年，在北京開辦世界第二家，也是中國第一家馬克西姆餐廳。之後同一年在九月和十月分別在倫敦和里約熱內盧開辦馬克西姆餐廳。

一九八五年三月，來華舉辦時裝表演。同年在紐約又開辦一家馬克西姆餐廳。

一九八八年二月，榮獲義大利共和國授予的「特等功勛」稱號。

一九八九年十二月，在北京開設中國第一家「皮爾．卡登」服裝商場。

一九九〇年九月，在北京舉辦大型時裝表演。在廣州開設中國第二家「皮爾．卡登」服裝商場。

同年十一月，在瀋陽開設中國第三家「皮爾．卡登」服裝商場。

一九九一年二月，在廣東佛山開設中國第四家「皮爾．卡登」專營店。

同年三月，在四川成都開設中國第五家「皮爾．卡登」專營店。

一九九二年十二月二日，被接納為法蘭西藝術學院院士。

一九九三年，和另外兩位義大利國際頂級服裝設計大師同來中國，在北京舉辦時裝秀。參加北京「94國際時裝博覽會」，受到江澤民的接見。

一九九四年四月，第一次到四川成都舉辦活動並參觀遊覽。

一九九八年，和中方簽署的十四年馬克西姆餐廳合營合約到期，歸還給崇文門飯店管理。但合作繼續，「馬克西姆」這個名字依然保留。之後在上海大劇院開了第二家分店。

二〇〇四年底，在人民大會堂舉辦了「中法文化年——皮爾・卡登風華盛典」。央視四台全球現場直播。

二〇〇六年十月十四日，在北京舉行他的二〇〇七年春夏時裝會；同一天，獲得中國服裝設計師協會特別頒給他的「時尚大使獎」。

二〇〇八年，奧運會之際在北京藍色港灣國際商業區開業「馬克西姆」第三家分店。

二〇一〇年九月，重返闊別十年的巴黎時裝周，再次引爆世界時尚潮流，期間展示的時裝多達兩百五十套，為巴黎時裝周展示之最。

二〇一二年四月一日，在北京水立方舉辦一台主題為「光之城」的時裝發布，年過九十的設計師親自操剪設計包括一百二十套女裝和六十套男裝的全部服裝，並親臨現場和九十多位名模共同完成時裝秀。

二〇一九年皮爾卡登在一次與法新社的非正式談話中首次承認，正在考慮為自己的同名品牌皮爾卡登指定未來的接班人。

在接受法新社採訪時，九十六高齡的皮爾卡登開玩笑說，「如你所見，我還活著。」他說自己現在比較累，不再去艾麗榭宮對面的皮爾卡登作室了，但仍在「不停地」畫設計圖。

「設計就是我的生命，我存在的意義，緩解痛苦的靈藥。」皮爾卡登拿起一枝鉛筆，一邊隨手畫下了一只蝴蝶袖和一個舞女。

名言

● 理想是一個人成功的源泉。

- 任何成功都是努力的結果。
- 做人有時候比做事更重要。
- 要想領先於別人就得不斷創新。
- 有時候只有冒險才能獲得成功。
- 誰能占得先機，誰就會得到勝利。
- 因循守舊的唯一結果就是關門大吉。
- 品牌是做出來的，而不是吹出來的。
- 藝術沒有國界，服裝也應該沒有國界。
- 用人上一加一不等於二，搞不好等於零。
- 困難和挫折會讓路給那些勇於進取的人。

- 用事實讓別人接受你的理念，而不要強加於人。
- 不要浪費時間，因為那樣你會很快落在別人後面。
- 一個人如果總是想停下來休息，那他會很快被人超越。
- 如果你想獲得巨大的成功，只有一個辦法，那就是走好每一步路。
- 和諧就是完美，就是思想和行動、理念和事實之間協調得最完美的狀態。

國家圖書館出版品預行編目（CIP）資料

時尚品牌之王：服裝設計大師皮爾卡登 / 趙一帆著 . -- 第一版 .
-- 臺北市：崧燁文化，2020.03
面； 公分
POD 版

ISBN 978-986-516-009-8(平裝)

1. 卡登 (Cardin, Pierre) 2. 傳記

784.58 109003121

書　名：時尚品牌之王：服裝設計大師皮爾卡登
作　者：趙一帆 著
發 行 人：黃振庭
出 版 者：崧燁文化事業有限公司
發 行 者：崧燁文化事業有限公司
E-mail：sonbookservice@gmail.com
粉 絲 頁：　網 址：
地　址：台北市中正區重慶南路一段六十一號八樓 815 室
8F.-815, No.61, Sec. 1, Chongqing S. Rd., Zhongzheng
Dist., Taipei City 100, Taiwan (R.O.C.)
電　話：(02)2370-3310 傳　真：(02) 2388-1990
總 經 銷：紅螞蟻圖書有限公司
地　址: 台北市內湖區舊宗路二段 121 巷 19 號
電　話:02-2795-3656 傳真 :02-2795-4100　網址：
印　刷：京峯彩色印刷有限公司（京峰數位）

定　價：280 元
發行日期：2020 年 03 月第一版
◎ 本書以 POD 印製發行